49 Wege ins Vaterunser

Die Autoren

Otto Bernhard Wilde, Jahrgang 1939, verheiratet, Vater von zwei erwachsenen Kindern: Nach meinem Theologiestudium habe ich berufsbegleitende Pädagogik studiert. Seit nun 35 Jahren arbeite ich an unterschiedlichen Stellen im kirchlichen Bildungsbereich, z. Zt. in der Aus- und Fortbildung von ReligionslehrerInnen. Nach den Zeiten des Trainings in verschiedenen Formen der Humanistischen Psychologie habe ich mich in den letzten Jahren auf die Schulung in Kontemplation konzentriert.

Wenn ich auf meinen langen Berufsweg zurücksehe, wird mir immer deutlicher, daß wir unseren Kindern und Jugendlichen nur zwei Dinge mitgeben können: Wurzeln und Flügel.

Das heißt für mich: Üben und Einüben von Schritten der Achtsamkeit und Schritten zur Verbindlichkeit. Üben und Einüben der Fähigkeit, einen eigenen Standort zu finden – und einen fremden zu akzeptieren. Und vor allem: die Fähigkeit, sich nicht mit dem zufriedenzugeben, was ist.

Klaus W. Vopel, Jahrgang 1940: Nach dem Studium von Germanistik, Theologie und Psychologie leitete ich an der Universität Hamburg ein hochschuldidaktisches Projekt. Es folgten Lehr- und Wanderjahre auf dem Feld von Humanistischer Psychologie, Gestalttherapie und TZI. Als Gruppenleiter war ich für viele Institutionen tätig. In den letzten 25 Jahren habe ich zahlreiche Fachbücher verfaßt, die inzwischen in Italien, Spanien, Polen und zuletzt auch in Rußland erschienen sind.

Seit 1991 lebe ich in Salzhausen in der Lüneburger Heide, wo ich gemeinsam mit meiner Frau den Verlag iskopress leite. Mein Rosengarten bietet mir Gelegenheit zur Meditation, und die Heide lädt zu ausgedehnten Spaziergängen ein.

Klaus W. Vopel
Otto Bernhard Wilde

49 WEGE
INS VATERUNSER

Ein Kurs für lebendiges Lernen
im kirchlichen Unterricht

Band 15 der Reihe
Lebendiges Lernen und Lehren

iskopress

Die Deutsche Bibliothek – CIP-Einheitsaufnahme

Vopel, Klaus W.:

49 Wege ins Vaterunser : ein Kurs für lebendiges Lernen im kirchlichen Unterricht / Klaus W. Vopel ; Bernhard Wilde. – 4. Aufl. – Salzhausen : iskopress, 1999

(Lebendiges Lernen & Lehren : Band 15)

Früher u.d.T.: Vopel, Klaus W.: Glaube und Selbsterfahrung im Vaterunser

ISBN 3-89403-117-4

4. Auflage 1999

Copyright © iskopress, Salzhausen

Umschlag und Illustrationen:
Mathias Hütter, Schwäbisch Gmünd
Satz und Layout: Petra Wiechmann

Inhalt

VORWORT ZUR VIERTEN AUFLAGE

Zwanzig Jahre sind seit der ersten Auflage vergangen. „Glaube und Selbsterfahrung im Vaterunser" nannten wir unseren Versuch, ein wenig nüchtern, vor allem programmatisch. Beides wollten wir ineinanderflechten: den Strang der christlich-kirchlichen Tradition, der im Vaterunser verdichtet Gestalt gewinnt, auf der einen Seite und die Selbsterfahrung auf der anderen Seite. Selbsterfahrung, war das, was wir in der Aufbruchszeit der siebziger Jahre als eine völlig neue Möglichkeit für Unterricht und Gruppengeschehen entdeckten, vor allem auch für kirchliche Gruppen. Und wir wollten uns mit der Selbsterfahrung nicht auf irgendwelche Randthemen oder theologische Zufälligkeiten einlassen, vielmehr wollten wir zentrale theologische Inhalte erarbeiten – so wie sie jede/r Pfarrer/in z. B. in der Arbeit mit Konfirmanden und Konfirmandinnen zu bewältigen hat. Die geronnene Gestalt des Vaterunser in ihrem Geprägtsein war für uns eine faszinierende Herausforderung. Daran wollten wir erproben, wie weit die Selbsterfahrung für kirchlichen Unterricht tragen kann.

Die Kernsätze der Humanistischen Psychologie und die Sätze der kirchlichen Tradition sehen sich manchmal zum Verwechseln ähnlich. Dies hat uns zuweilen verführt, nicht immer sorgfältig genug zu differenzieren. Wir wußten um die gegenseitige Befruchtung, auch um gemeinsame Wurzeln. Im Suchen nach lebendigem Lernen bekamen wir Schlüssel, die mehrere Türen zugleich öffnen konnten. Schon während des Schreibens wurde uns – ohne es vermeiden oder nur wirklich benennen zu können – deutlich, daß die „Gruppendynamik" in ihrer faszinierenden neuen Gestalt ein größeres Gewicht bekam als die manchmal etwas ältlich wirkende Theologie. So manche theologische Position wurde deshalb nicht in dem Maß entfaltet, wie es notwendig gewesen wäre, um sie als „unverwechselbar" zu erkennen.

Dieses Opfer auf dem Altar der Humanistischen Psychologie war aber wohl nötig, um den Versuch überhaupt wagen zu können – bei aller Vorläufigkeit und Unvollständigkeit. Wir wurden angreifbar und sind auch angegriffen worden; doch weit weniger, als wir zunächst annahmen. Heute kann ich sagen: Unser Versuch hat sich gelohnt. Oft, sehr oft bin ich auf die Positionen und Anregungen von „Glaube und Selbsterfahrungen im Vaterunser" wohlwollend, dankbar, nur selten kritisch angesprochen worden. Unterrichtende haben mit unserem Buch ihren Konfirmandenunterricht neu belebt. In vielen Unterrichts- und Gemeindegruppen wurden dabei ungeahnte Tiefenschichten und eine erfrischende Lebendigkeit erreicht.

Wer ein Haus gebaut hat, weiß, was er ändern würde, wenn er einmal darin wohnt: hier den Schalter anders setzen, dort das Fenster größer bauen. hier eine Tür wegnehmen und dort die Farben kräftiger wählen. Wer ein Buch schreibt, weiß, kaum kommen die Druckfahnen aus der Druckerei, was er/sie ändern würde. Aber soweit sind wir mit unserem Versuch des Zusammenflechtens gekommen. Und das muß jetzt erst einmal stehenbleiben.

Wenn wir heute – nach zwanzig Jahren – das Buch noch einmal nahezu unverändert vorlegen, so ist dies eine Folge davon, daß „Glaube und Selbsterfahrung im Vaterunser" immer noch verlangt und immer noch gebraucht wird. Eine Korrektur an diesem oder jenem Detail, eine Veränderung, Ergänzung oder Streichung an dieser oder jener Übung schien uns nicht sinnvoll. Das hätte bedeutet, daß wir eine grundlegende Überarbeitung vorlegen, ein völlig neues Buch konzipieren müßten. Das wollten wir zum gegenwärtigen Zeitpunkt nicht.

Ich lese noch einmal in den „theologischen Akzenten" und würde sie heute vielleicht weniger knapp, weniger spröde, wahrscheinlich narrativer konzipieren. Doch die Linienführung von den kurzen „theologischen Akzenten" über die „Einstimmung des Leiters" („die oft eine eigene Übung als Selbsterfahrung ist") zur Entfaltung der drei bis fünf Übungen ist in sich immer noch schlüssig und stimmig. Und ich habe in der gängigen religionspädagogischen Literatur nichts Vergleichbares gefunden, vergleichbar konsequent oder vergleichbar strukturiert.

Ich lese noch einmal in den einzelnen Übungen und sehe, daß sie fast alle mit einem Minimum an technischer, materieller und organisatorischer Vorbereitung auskommen. Die Zeit der Vorbereitung kann ganz vom Inhalt und von den handelnden Personen beansprucht werden. Das soll so bleiben. Das war von uns so beabsichtigt in einer Zeit der „Materialschlachten", in Zeiten, in denen sich mehr und mehr Medien zwischen den Menschen ausbreiten.

Seit 1979 haben sich wesentliche Akzente verschoben, in der Theologie und in der Religionspädagogik. Die Theologie sehe ich mehr in einer Phase des Suchens und des Sichöffnens. In der Religionspädagogik werden neue Schwerpunkte gesetzt: erfahrungsorientiertes Lernen, Orientierung an Handlungen, die Förderung der Dialogfähigkeit.

Besonderes Gewicht lag für mich in den letzten zwanzig Jahren in der Entwicklung der feministischen Theologie, in der „Wiederentdeckung der Mystik" und dem beginnenden Dialog mit anderen Religionen und Kulturen.

Manches, was ich oft nur ahnen konnte, habe ich von Frauen benennen gelernt. Viele von uns haben Worte gefunden für etwas, das bis dahin gestaltlos war oder verdunkelt. Dabei war es dann und wann nötig, über den „männlich geprägten Schatten" zu springen. Mir fällt es nicht mehr so leicht, vom „Vaterunser" zu sprechen, ohne auch ein „Mutterunser" mit im Sinn zu haben. Für viele von uns ist das Gottesbild offener, vor allem weiblicher geworden. Ich beginne mit vielen anderen mehr und mehr zur Kenntnis zu nehmen, daß in der Muttersprache Jesu im Aramäischen dieses alte Gebet mit „abwûn" beginnt (die zeugende, gebärende und bergende Kraft). Ich beginne zu realisieren, daß sich mit der Übertragung der Sprache Jesu ins Griechische auch das hellenistische, patriarchale Ordnungssystem im Gottesbild und in der Theologie breitmacht, Werte vereinnahmt, Bilder verzerrt.

Es ist ja nicht nur die Sprache, die sich öffnet, wenn einer/e nicht mehr nur „männlich" denkt und empfindet, es sind vor allem die Inhalte. Ein Schöpfergott wird zwangsläufig männlich **und** weiblich sein. Jedoch kommt ein „Mutterunser" – oder „Vater-Mutterunser" kaum jemandem leicht über die Lippen. Das Bild vom „Gottvater" hat sich seit Generationen tief bei uns eingeprägt.

Eine wesentliche Veränderung hat z. B. der Begriff „Schuld" erfahren. Von anderen Religionen wird er als etwas typisch Christliches eingeordnet. Von feministischer Seite wird betont, daß Schuld vor allem darin besteht, mich selbst klein zu machen, nicht der Schönheit zu entsprechen, in der ich von Gott gewollt bin.

In der Religionspädagogik haben sich in den vergangenen zwanzig Jahren die Themen, aber auch die Methoden des Unterrichts geändert und auf die Inhalte zurückgewirkt. Dies kann ich vor allem in der Grundschule und in der außerschulischen Pädagogik beobachten. Stilleübungen, Phantasiereisen, Tanz und kreative Gestaltung sind für viele Unterrichtende häufig gebrauchte Werkzeuge eines lebendigen Unterrichts. Was vor zwanzig Jahren noch Ausnahme, das Besondere war, gehört heute zur Inneneinrichtung. Schüler/innen und Konfirmand/innen sind vertraut mit meditativen Übungen, mit kreativen Ritualen, es sind nicht mehr nur „Spielchen" mit denen der Unterricht aufgelockert wird. Die Gruppenleiter/innen wachsen mehr und mehr in die Rolle von Moderator/innen. Erwachsene sind in kirchlichen Gruppen zunehmend gewohnt, „mitzuschweigen" und „mitzureden". Daß es daneben und dagegen auch starke Tendenzen zur Fundamentalisierung und zum Frontalunterricht gibt, braucht uns hier nicht weiter zu beschäftigen.

Insgesamt sind die Übungen unseres Buches zum Vaterunser so offen, daß sie einen weiten Raum theologischen Denkens aufnehmen können. Die Übungen sind auf Dialog, auf Gespräch und auf „Widerspruch des Lebendigen" angelegt. Wer sich auf die Übungen wirklich einläßt, wird seine/ihre Bewertung von dem, was richtig und falsch ist, bald relativieren. Wichtiger als (theologisch) richtig oder falsch scheint mir zu sein, ob ein Satz für mich und für uns stimmig wird (ob er wirklich stimmt). Entscheidend ist, ob das, was in der Gruppe erarbeitet wird, trägt, ob es in meiner Geschichte verankert ist und ob es mir eine Perspektive eröffnet. Dabei kann ich leicht in die Gefahr geraten, ins „Unverbindliche" oder Banale abzuleiten. Ich werde als Leiter oder Leiterin achtsam sein: In welchen „Rahmen" werden die entstehenden Antworten und Fragen, die skizzierten Bilder gesetzt? Kriterium wird dabei mehr die Orthopraxie als die Orthodoxie sein. Es geht mehr um rechtes Handeln, weniger um rechte Lehre.

Als Rückmeldung zu unserem Buch habe ich immer wieder gehört, daß der Anspruch der Übungen an den Leiter/die Leiterin insgesamt zu hoch sei. An vielen Stellen scheint mir diese Kritik berechtigt, auch wenn manche Übungen nahezu Selbstläufer sind. Von den LeiterInnen erwarten wir unausgesprochen eine gewisse Erfahrung im Umgang mit solchen Übungen. Er oder sie sollte die Schrittlänge dosieren können. Um die Anforderungen an die Unterrichtenden ein wenig zu relativieren, können folgende Anregungen helfen:

◆ Nehmen Sie sich Zeit, wirklich Zeit, die „Einstimmung des Leiters" an sich selbst zu erproben. Ich weiß gut, wie kurz die Vorbereitungszeit oft nur sein kann. Aber die Einstimmung lohnt auf alle Fälle, immer.

◆ Lesen Sie die Arbeitsanleitungen sorgfältig und verändern Sie sie mit Ihren eigenen Worten und Sprachbildern. Lassen Sie weg, was Ihnen sperrig, langatmig, unnötig scheint. Ergänzen Sie, was Sie für nötig erachten.

◆ Benutzen Sie das „Material für die Gruppenmitglieder" so, daß die Arbeitsblätter nach Möglichkeit im Prozeß der Gruppe selbst entstehen. Sprechen Sie die Anweisungen so langsam, daß die Teilnehmer und Teilnehmerinnen sie zunächst selbst aufschreiben. So bleibt das Geschehen lebendig, und Sie können überraschen. Die Kopiervorlagen sind zuallererst als Anregung für eigene Ideen und Entwürfe gedacht. Ihre Anleitungen sollten kürzer, persönlicher auf Ihre jeweilige Gruppe zugeschnitten sein.

◆ Achten Sie darauf, daß beim Zusammentragen der Gruppenergebnisse möglichst viele (nicht unbedingt alle) zu Wort kommen. In unseren Gruppen brauchen wir Meinungen, die neben- und gegeneinander stehen können. Was dabei richtig ist und was nicht, brauchen Sie als Leiter kaum zu entscheiden. Sie haben sowieso das letzte Wort und können das unterstreichen, was Ihnen besonders am Herzen liegt.

◆ Manchmal ist es wohltuend, Auswertungsfragen anzugeben, auf die keine verbale Antwort erwartet wird. Jeder und jede beantwortet die Frage nur still für sich selbst, nicht laut in der Gruppe.

Und noch ein Letztes: Wenn Sie regelmäßig Gruppen leiten, so sollten Sie ein Arbeitstagebuch führen. Legen Sie zwei Spalten an – links: Das haben wir gemacht, rechts: Das sollte ich ändern.

Aus guten Gründen haben wir den Text der ersten Auflage nicht geändert. Einzig vor den jeweiligen Abschnitten sind kleine Zitate eingefügt, als Ergänzung, als Vertiefung. Jedes dieser komprimierten Zitate kann als Überschrift oder als Anleitung zur eigenen Meditation gesehen werden.

In der neuen Auflage heißt unser Buch „Wege ins Vaterunser", ein Titel, der uns ein wenig poetischer und symbolhaltiger erscheint. Wege sind manchmal nur schmale Pfade, selten breit. Oft sehe ich noch nicht, wohin der nächste oder übernächste Schritt geht. Wege sind schon vor mir begangen worden und werden nach mir begangen – vor allem: Wege sind keine Schnellstraßen. Wir fänden es zuviel, zu sagen: Wege *durchs* Vaterunser. Wir beschreiben nur den Hinweg, wir geben Wegweiser an, benennen Markierungen auf dem Weg ins Vatersunser. Der Weg wird immer etwas von einem Labyrinth haben: einmal geht es geradewegs zur Mitte, dann entfernt sich der Weg wieder. In schier endlosen Windungen komme ich nur langsam, ganz langsam voran – auf dem Weg in die Mitte.

Allerdings: Gehen müssen Sie und Ihre Gruppe selbst. Dabei vertrauen wir auf das alte Wort:

> *Gott spricht: Geh.*
> *Es gibt keinen Weg.*
> *Der Weg entsteht,*
> *wenn du gehst.*

Bonn, im April 1999

Otto Bernhard Wilde

EINLEITUNG

Zur Situation in der Gemeindearbeit

Viele kirchliche Mitarbeiter leiden heute darunter, daß sie die starken emotionalen Erfahrungen, die sie für sich selbst in den verschiedensten Gruppen erleben (TZI, CPT, Gestalt etc.), nur schwer in ihre Arbeit einbeziehen können. Vielfach gelingt es, offene und anregende Gruppenprozesse in Gang zu bringen. Diese Gruppenprozesse gehen jedoch oft nicht über die Selbsterfahrung hinaus, und die theologische Dimension wird nicht immer genügend deutlich. Oft wirken theologische Deutungen wie Anhängsel.

In besonderem Maße ist diese Schwierigkeit im Konfirmandenunterricht anzutreffen. Immer mehr Pfarrer verlassen alte, ausgetretene Pfade, um mit ihren Konfirmanden Neues zu erkunden. Dabei verwirren sie sich leicht im Gestrüpp ihrer eigenen Unzulänglichkeit. Mit ungutem Gewissen werden „theologische Brocken" ausgeklammert. Manchmal wird ein Findling bestaunt, und manchmal wird ein schwerer Block am Ende des Unterrichts auf die Konfirmanden abgewälzt. Die Konfirmanden leisten dann zumeist willig Gehorsam; schließlich muß der Pfarrer auch nur seine Pflicht erfüllen. Er hat sie lange genug mit Spaß und Spiel erfreut – warum sollte jetzt nicht von ernsten Dingen die Rede sein? (Schließlich wäre es noch schöner, wenn es in der Kirche nur schön wäre!)

In einem deutlichen Mißverhältnis zu den „Erfolgen" steht das große Engagement, mit dem viele Pfarrer an ihren Konfirmandenunterricht und seine Vorbereitung herangehen. Doch dabei werden oft die Methoden wichtiger als die Inhalte, die Vielzahl der Medien trennt mehr, als daß sie verbindet. Mancher fragt sich ziemlich betroffen: „Was habe ich nach ein oder zwei Jahren Konfirmandenunterricht wirklich vermittelt?" Gewiß sind die schönen Stunden, die allen Beteiligten Spaß gemacht haben, eine liebe Erinnerung an die Konfirmandenzeit. Aber das ist zu wenig. Die Konfirmanden verlangen nach mehr und die Unterrichtenden auch.

Ähnlich ist die Situation in der Erwachsenenarbeit. Auch hier gibt es viel guten Willen, Aufgeschlossenheit, Gesprächsbereitschaft. Aber dann wird oft doch wieder nur geredet und theoretisiert. Viele werden das Empfinden nicht los, daß sie auf der Stelle treten. Manche sprechen dieses Gefühl aus, wollen für sich selbst mehr, als über die Dinge reden.

Die Energien, die hier eingesetzt werden, sollten sich besser auszahlen. Für manche Pfarrer sind ihre Kreise (Eltern-, Ehepaar-, Hauskreise u. ä.)

oft wichtige, stabilisierende Teile ihrer Gemeindearbeit. Und für viele Gemeindemitglieder sind solche Zusammenkünfte eine wichtige (manchmal sogar die einzige) Möglichkeit, offene Kommunikation und Interaktion zu genießen. Sie wollen etwas für sich selbst. Sie wollen nicht an der Oberfläche bleiben. Und so sagen sie sich: „Wenn es um die Bedeutung von theologischen Inhalten geht, dann müßte ich diese Bedeutung doch auch leibhaftig spüren können!"

So ist dieses Buch hauptsächlich für diese beiden Zielgruppen gedacht: Konfirmandengruppen und Erwachsenenkreise. Und es ist offen für andere, die nach Verbindlichkeit, nach Betroffenheit und nach ihren eigenen theologischen Wurzeln suchen.

Die Möglichkeiten im kirchlichen Unterricht

Jugendliche brauchen seelsorgerliche Begleitung und Hilfestellung für den langwierigen Prozeß des Erwachsenwerdens. Im kirchlichen Unterricht geht es um beides. Und diese beiden Dinge – Seelsorge und psychologische Unterstützung – sollten nicht gegeneinander ausgespielt werden. Dabei müssen Antworten auf die Fragen erarbeitet werden, die in der gegenwärtigen Lebenssituation von den Jugendlichen gestellt werden bzw. deren Beantwortung für sie wichtig ist. Die Orientierung an dem Entwicklungsstand der Jugendlichen bedeutet nicht, daß der Unterrichtende auf seine eigenen Interessen zu verzichten hat. Im Gegenteil: Wenn er seine eigenen Fragen und Probleme in geeigneter Weise anspricht, kann das für die Jugendlichen eine wichtige Anregung sein und ihnen helfen, die Erwachsenen besser zu verstehen.

Für den kirchlichen Unterricht sind u. a. folgende Fragestellungen wesentlich, die sich zum einen an der Lebensgeschichte und Lebenssituation der Jugendlichen orientieren und zum anderen an der Art und Weise ihrer persönlichen Beteiligung am Gruppengeschehen:

◆ Welche Erfahrungen habe ich in meiner Kindheitsfamilie gemacht?

◆ Was hemmt und was fördert mein Erwachsenwerden?

◆ Wer bin ich heute? Was sind meine Stärken? Was sind meine Schwächen?

◆ Welche Werte haben für mich Verbindlichkeit?

◆ Welche Bedeutung haben religiöse Themen für mich?

◆ Wie kann ich meine persönliche und berufliche Entwicklung konstruktiv beeinflussen?

◆ Wie komme ich mit den anderen Gruppenmitgliedern zurecht? Was will ich für die gemeinsame Arbeit einsetzen? Was möchte ich bekommen?

◆ Was bedeutet der Gruppenleiter für mich?

◆ Was können wir einander geben?

Damit ist nicht gesagt, daß im kirchlichen Unterricht **alle** Probleme der Jugendlichen behandelt werden müssen. Der Pfarrer muß auch nicht alles über seine Konfirmanden wissen. Aber er sollte bereit sein, sich mit Problemen auseinanderzusetzen, die für die Mitglieder der jeweiligen Gruppe offenbar wichtig sind.

Darüber hinaus ist es wichtig, daß der Pfarrer sich über seine Einstellung zu den Jugendlichen Klarheit verschafft. Es ist nützlich, wenn er sich dabei u. a. folgende Fragen stellt:

◆ Wieviel Nähe möchte ich zu den Jugendlichen? Wieviel Abstand brauche ich?

◆ Was möchte ich den Jugendlichen geben? Was möchte ich zurückbekommen?

◆ Bei wem kann ich dann und wann Hilfestellung und Geborgenheit für mich bekommen?

◆ Wie reagiere ich gefühlsmäßig auf einzelne Jugendliche?

◆ Wer erinnert mich an erfreuliche bzw. unerfreuliche Seiten meiner eigenen Person?

◆ Wer zieht mich erotisch an?

◆ Wen vermeide ich?

Der Pfarrer muß von Fall zu Fall selbst entscheiden, wie offen er sich verhalten will. Zu wenig Offenheit wird die Jugendlichen befangen machen, zuviel Offenheit kann sie erschrecken. „Anbiedern" ist dabei ebenso schädlich wie gespielte Überlegenheit.

Anforderungen an den Unterrichtenden

Für einige der hier vorgeschlagenen Übungen benötigen Sie Gruppenerfahrungen. Die meisten sind jedoch so einfach angelegt, daß Sie keinerlei
Gruppenvorerfahrung brauchen, nur ein wenig Neugier und die Bereitschaft, sich auf Unerwartetes einzulassen. So wird eine gewisse Beweglichkeit von Ihnen erwartet. Sie werden sich darauf einlassen müssen,
daß Sie nicht alles mithören können. Manches Wichtige wird (gerade)
ohne Sie ablaufen, auch wenn Sie es in Gang gesetzt haben.

Entscheidend ist, daß Sie eine Atmosphäre des Vertrauens aufbauen können. Die Fruchtbarkeit der Übungen hängt wesentlich mit vom Gruppenklima ab. Keiner darf gezwungen werden, etwas zu sagen oder zu tun,
was er nicht möchte. Was John O. Stevens in seinem Buch „Kunst der
Wahrnehmung" schreibt, gilt auch hier:

> *„Das Ziel all dieser Übungen ist, den Menschen zur Wiedergewinnung*
> *der eigenen Wahrnehmung dessen zu verhelfen, was sie wirklich erle*
> *ben, was für ein Erlebnis es auch sein mag. Wir erleben Erfreuliches in*
> *uns – Behagen, Freude, Liebe usw. – und manchmal relativ Unerfreu*
> *liches – Ärger, Kummer, Verwirrung usw.*
>
> *Was nun ein Mensch in sich entdecken mag – sein Erleben muß respek*
> *tiert werden. Es gibt viele Arten, diesen Respekt zu versagen. Um nur*
> *einige zu nennen: aburteilen, behilflich sein wollen, Ratschläge geben*
> *(„Du solltest…") und erklären."*

Für Sie als Gruppenleiter wird es notwendig sein, sich selbst Rechenschaft abzulegen: „Wie komme ich mit den angesprochenen theologischen Inhalten zurecht? Was ist mir selbst wichtig? Welche Gefühle werden in mir ausgelöst?" Unterricht heißt allzu oft, daß der Unterrichtende
„gibt" und die Lernenden „nehmen". Daß dies die meisten Unterrichtenden überfordert, liegt klar auf der Hand. Wir möchten Ihnen deshalb hier
etwas Ungewöhnliches anbieten, nämlich selbst etwas zu nehmen, bevor
Sie in den Unterricht gehen. Der Beginn Ihrer Vorbereitung sollte jedesmal die kleine, vorangestellte „Einstimmung" sein.

In der homiletischen Tradition ist das wohl vertraut: Erst wird der Prediger gespeist, bevor er selbst etwas Nahrhaftes austeilt. Selbstverständlich
gilt auch für den Pfarrer dieses so leicht zu überhörende: „…wie dich
selbst". Denn wie sollte er mit knurrendem Magen diejenigen sättigen,
die mehr als „Brot allein" wollen?

Das Vaterunser erfordert in der vorliegenden Erschließung einen unge-wöhnlichen Zeitaufwand. Wer im Konfirmandenunterricht gründlich damit arbeiten möchte, sollte sich mindestens drei Monate Zeit dafür nehmen können. Das mag die „Vielarbeiter" erschrecken. Aber wer sich darauf einläßt, wird bald erfahren, daß selbst diese drei Monate kaum ausreichen, um das Vaterunser zu ergründen und mit den Erfahrungen der Teilnehmer zu verbinden. Andererseits ist es natürlich auch möglich, ein-zelne Übungen aus dem Gesamtzusammenhang des Kurses herauszulö-sen und sie an geeigneter Stelle zu erproben.

Innerhalb des Vaterunsers können ganz unterschiedliche theologische Akzente gesetzt werden. Welche Akzente Sie als Unterrichtender betonen wollen, müssen Sie selbst entscheiden. Halten Sie sich stets vor Augen, daß Ihnen auch die theologisch-pädagogische Hilfestellung dieses Bu-ches nicht die Verantwortung abnehmen kann, Ihr theologisches Wissen und Wollen bewußt einzusetzen.

Persönlichkeitsfördernde Lernziele*

Einige persönlichkeitsfördernde Lernziele, die durch im vorliegenden Buch angebotene Verfahren realisiert werden können, sind u. a.:

Verfeinerung der Wahrnehmung

Gemeint ist, daß die Gruppenmitglieder ihre eigenen sinnlichen Wahr-nehmungen, Gefühle, Gedanken, Ideen, Phantasien, Wünsche, Befürch-tungen und Bedürfnisse differenzierter und umfassender wahrnehmen. Gleichzeitig können sie mehr Offenheit für Gefühle und Gedanken ande-rer entwickeln. Sensibilisierung der Wahrnehmung ist ein Prozeß, dessen Endziel darin besteht, das eigene Selbst und das Selbst anderer genauer zu erfassen.

Vertiefung der Selbstverantwortlichkeit

Hiermit ist eine wichtige innere Einstellung angesprochen: die Bereit-schaft, das eigene Verhalten nicht abwehrend zu entschuldigen, sondern dafür Verantwortung zu übernehmen. Dazu gehört die Erkenntnis, daß ich Wahlmöglichkeiten habe und meine Verhaltens-, Gefühls- und Werte-muster ändern kann, wenn ich das will. Dazu gehört weiter die Einsicht, daß andere Menschen letzten Endes meine Gefühle nicht beeinflussen können, wenn ich es nicht gestatte, daß ich also andere nicht dafür ver-

---

*Die folgenden Hinweise sind entnommen aus: K. W. Vopel, Interaktionsspiele für Kinder (1996[7]).

antwortlich machen kann, wie ich mich fühle.

Ausdruck von Gefühlen

Die Teilnehmer können erfahren, daß der offene Ausdruck von Gefühlen erleichternd sein und von anderen Menschen sogar geschätzt werden kann. Damit ist weiter gemeint, daß ich mit meinen Gefühlen umgehen, sie mir bewußt machen und sie anerkennen kann und daß ich sie – soweit ich das will – im Handeln und Sprechen ausdrücken kann.

Bewußtheit eigener Absichten

Hier geht es um die Frage, was mich dazu führt, daß ich mich so verhalte, wie ich mich verhalte. Was sind meine Ziele? Was sind die Werte, die mein Verhalten leiten? Hier geht es weiter um die Bereitschaft und Fähigkeit, über diese Dinge mit anderen zu sprechen und eigene Wertvorstellungen bewußt zu wählen.

Selbstannahme

Hier ist gemeint, daß die Teilnehmer sich stärker selbst akzeptieren, mehr Selbstachtung entwickeln und sich bewußt werden, daß sie sich entwickeln und lernen können. Ein Gefühl für den Wert der eigenen Person zu bekommen, heißt auch, unabhängiger zu werden von den Erwartungen der Eltern und anderer Erwachsener. Das Zentrum der Selbstachtung liegt dann mehr in den eigenen Ich-Grenzen, und es wird nicht überwiegend bestimmt durch früh angeeignete, unverdaute, fremde Wertvorstellungen.

Annahme anderer

Hier wird eine Haltung angesprochen, die Respekt und Toleranz für die Meinungen, Gefühle und das Verhalten anderer aufbringt. Akzeptierung anderer bedeutet letztlich, daß ich dem Du in allen seinen Aspekten dieselbe Existenzberechtigung einräume wie mir selbst. Das schließt gleichzeitig die Bereitschaft ein, Konflikte nicht zu vermeiden, sondern sie konstruktiv auszutragen.

Soziales Verhalten

Der einzelne Teilnehmer kann nicht nur die Verantwortlichkeit für das eigene Selbst und damit seine Selbständigkeit weiterentwickeln, sondern sich auch gleichzeitig der Tatsache bewußt werden, daß er die eigene Weiterentwicklung nur im Kontakt mit anderen realisieren kann. Gemeint ist weiter, daß er am Zusammenwirken mit anderen interessiert ist und lernt, elastisch mit Nähe und Distanz umzugehen.

Die vier Arbeitsschritte*

Die Hinweise, die in diesem Abschnitt gegeben werden, sollen Ihnen helfen, Ihr eigenes pädagogisches Handeln klarer zu verstehen und wirksamer zu organisieren. Das Lernmaterial dieses Buches ist auf der Grundlage folgender Anschauungen entwickelt worden:

◆ Lernen in der Gruppe findet statt, wenn sich die Gruppenmitglieder emotional beteiligen können. Dazu muß jeder einzelne aktiv werden, sich mit anderen auseinandersetzen und sich bei gemeinsamen Aktivitäten engagieren können.

◆ Ihre Aufgabe als Gruppenleiter ist es, ein anregendes Gruppenklima zu entwickeln, das charakterisiert wird durch Sicherheit und Offenheit. Jeder muß Vertrauen zu sich selbst und zu anderen entwickeln können, ohne allerdings durch eine zu große psychologische Sicherheit unterfordert zu werden.

◆ Hier-und-Jetzt-Erfahrungen sind für alle unentbehrlich, um sich selbst kennenzulernen. Dazu gehört die offene Aussprache über Gefühle, Gedanken und Wahrnehmungen.

◆ Jeder muß einen – bescheidenen – theoretischen Bezugsrahmen entwickeln können, der es ihm gestattet, seine Lernerfahrungen aus der Gruppe auf das tägliche Leben zu übertragen.

◆ Als Leiter müssen Sie dafür sorgen, daß die beim Lernen unvermeidlichen Frustrationen durch ausreichende – aber vorsichtige – Unterstützung ausgeglichen werden.

Diese Lernprinzipien sind der Hintergrund für die folgenden vier Arbeitsschritte:

Schritt 1: Analyse der Gruppensituation

Fragen Sie sich zunächst selbst: Wie ist meine Situation als Gruppenleiter? Wer bin ich für diese Gruppe? Welche Bedürfnisse und Interessen habe ich selbst? Was sollen die Teilnehmer lernen, damit ich es leichter habe? Welche Verhaltensweisen der Teilnehmer stören oder irritieren mich dabei? Welche machen meine Arbeit leicht und angenehm?

Erst wenn Sie diese Fragen beantwortet haben, gehen Sie zu dem zweiten Fragenkomplex über: Wie ist die Situation der Teilnehmer? Welche Be-

---

*Die folgenden Hinweise sind entnommen aus: K. W. Vopel, Interaktionsspiele für Kinder (1996[7]).

dürfnisse und Interessen haben sie? Wie läuft der Gruppenprozeß? Gibt es Störungen? Was könnte die Arbeit in der Gruppe erleichtern? Was beabsichtige ich mit einer Übung? Welche Übung wird dem Entwicklungsstand der Gruppe am besten gerecht? Wie belastend ist diese Übung?

Machen Sie sich klar, daß persönlichkeitsbildende Lernprozesse ohne eine gewisse Herausforderung der individuellen Verteidigungsbedürfnisse und eine dadurch manchmal ausgelöste Angst selten möglich sind. Veränderungen innerer Einstellungen und Haltungen können nur stattfinden für den, der sich emotional engagiert. Dazu gehört auch, seiner eigenen Angst zu begegnen. Gleichzeitig müssen Sie bedenken, daß ein Übermaß an Angst zu Verwirrung und Ablenkung führt, so daß Lernen nicht stattfinden kann.

Wenn Sie die hier vorgeschlagenen Überlegungen angestellt haben, können Sie weitergehen zu

Schritt 2: Einführung der Übung

Sobald Sie sich entschlossen haben, der Gruppe eine bestimmte Übung vorzuschlagen, müssen Sie wieder eine Hürde nehmen: Der Wortlaut Ihrer Anweisungen und die Haltung, mit der Sie diese geben, entscheiden wesentlich über den Lernerfolg. Daher sind die Anweisungen im vollständigen, erprobten Wortlaut angegeben. Sie können sich natürlich eigener Ausdrucksmittel bedienen. Ändern Sie jedoch nichts an der Struktur der Übung, solange Sie wenig Erfahrung mit Interaktionsspielen in Gruppen haben. Insbesondere müssen Sie folgendes sicherstellen:

◆ **Information über die Lernziele** – Die Teilnehmer fühlen sich sicherer, wenn sie im Umriß wissen, was Ihre Ziele sind, wenn Sie eine bestimmte Übung vorschlagen.

◆ **Klare Instruktionen über den Ablauf** – Je plastischer, knapper und überzeugter Sie Ihre Anweisungen geben, desto eher werden die Teilnehmer in der Lage und bereit sein, engagiert mitzumachen.

◆ **Betonung des experimentellen Charakters** – Sie können durch einige Bemerkungen dazu beitragen, daß die Teilnehmer ihre Tendenz zu Selbstbeurteilung, Befangenheit oder Perfektionismus aufgeben, indem Sie etwa sagen: „Versucht, die ganze Geschichte als Experiment zu sehen. Ich möchte, daß ihr einfach seht, was passiert, wenn ihr diese Übung ausprobiert. Strengt euch nicht besonders an, um irgendwelche Ergebnisse zu erzielen, und kümmert euch nicht darum, ob das, was ihr tut, richtig oder falsch, gut oder schlecht ist. Stellt einfach fest, wie ihr reagiert, welche Gedanken euch dabei kommen und was ihr empfindet."

◆ **Klarer Führungsstil** – Manche Gruppenleiter praktizieren einen ungeeigneten Führungsstil, indem sie ein pseudodemokratisches Gehabe zeigen und die Gruppe sozusagen um Verzeihung bitten, daß sie einen Vorschlag machen. Wenn wir als Gruppenleiter eine Übung vorschlagen, praktizieren wir einen relativ direktiven Führungsstil, den wir zu diesem Zeitpunkt bewußt wählen. Fragen Sie also nicht: „Wollt ihr diese Übung ausprobieren?", sondern sagen Sie lieber: „Ich möchte euch diese Übung vorschlagen." Die Frage, ob die Teilnehmer eine Übung ausprobieren wollen, würde voraussetzen, daß sie bereits in der Lage sind, eine so schwierige Aufgabe – das Fassen eines gemeinsamen Beschlusses – überhaupt zu bewältigen. Mit einer solchen Frage forcieren Sie das Konfliktpotential in der Gruppe und steigern die Angst der Teilnehmer. Sie stellen Ihre eigene Unsicherheit in den Vordergrund und verlangen Entscheidungen, zu denen die Teilnehmer keine Kriterien haben. Andererseits müssen Sie flexibel genug sein, Ihre Pläne zu ändern, wenn eine größere Anzahl von Teilnehmern spontan eine Übung ablehnt. Vermutlich ist dann die Angst vor der Übung zu groß, oder es liegt eine andere Störung vor.

◆ **Betonung der Freiwilligkeit** – Kein Teilnehmer darf den Eindruck haben, daß er an einer Übung teilnehmen **muß**. Das Recht, Nein zu sagen und sich zeitweilig zurückzuziehen, ist die notwendige psychologische Ergänzung zu Ihrem klaren Führungsstil. Sie können mit einer einzigen Bemerkung dieses Recht verankern, indem Sie z. B. sagen: „Es kann vorkommen, daß einer nicht mitmachen möchte. Jeder hat das Recht, bei einer einzelnen Übung auszuscheiden und zuzuschauen." Wenn Sie dieses Recht nicht ausdrücklich bekräftigen, können einzelne Teilnehmer Ihre Vorschläge als Zwangsmaßnahmen erleben und unnötig erschrecken.

Nach der Einführung einer Übung gehen Sie über zu

Schritt 3: Experimentierphase
Hier sorgen Sie dafür, daß die Teilnehmer die geplante Aktivität ausführen können, und klären über mißverstandene Anweisungen auf.

Zugleich achten Sie darauf, daß die Zeiten und Spielregeln eingehalten werden. Sie können dann aufmerksam beobachten, was die einzelnen tun, wie sie sich verhalten etc. In der Regel sollten Sie sich – vor allem bei Jugendlichen – nicht an der Übung beteiligen, damit die Gruppe unabhängiger von Ihnen ist und Sie die Übersicht über die Ereignisse behalten. Wenn Sie selbst emotional stark beansprucht werden, leidet Ihre Wahrnehmungsfähigkeit für die Gruppe.

Anschließend können Sie zum letzten Schritt übergehen, nämlich zu

Schritt 4: Auswertungsphase

Während Sie in der Experimentierphase relativ stark in den Hintergrund treten können, müssen Sie in dieser Phase wieder aktiv werden und den Teilnehmern helfen, ihre Lernerfahrungen auszuwerten. Hier lassen sich folgende Aufgaben unterscheiden:

◆ **Anleitung zur Reflexion** – Nach Beendigung einer Übung müssen die Teilnehmer Gelegenheit haben, ihre Erfahrungen zu überdenken. Diesen Prozeß persönlicher Reflexion erleichtern Sie durch die Auswertungsfragen, die für wichtige emotionale und intellektuelle Aspekte der Erfahrungen sensibilisieren. Dabei ist es Ihrer persönlichen Geschicklichkeit überlassen, die für Ihre spezielle Gruppe geeigneten Fragen auszuwählen bzw. die eine oder andere zusätzliche Frage einzubringen.

◆ **Ermunterung, Erfahrungen mitzuteilen** – Fordern Sie die Teilnehmer auf, entweder zunächst einem einzelnen, einer Kleingruppe oder aber gleich der ganzen Gruppe ihre Erfahrungen mitzuteilen, indem Sie etwa folgendes sagen: „Wer möchte uns etwas von seinen Erfahrungen erzählen?" Dabei ist es wichtig, daß jeder die Chance hat, sich mitzuteilen. Um das sicherzustellen, müssen Sie von vornherein genügend Zeit für die Auswertungsphase einplanen.

◆ **Hilfestellung, die Erfahrungen zu verstehen** – In der Regel ist es wichtig, daß der einzelne Teilnehmer seine Erfahrungen **selbst** ausdrückt und zu verstehen versucht. Auf diese Weise wird er mehr Verständnis für die eigene Person entwickeln können. Als Gruppenleiter sollten Sie den Teilnehmern helfen, sich klarer darüber zu werden, welche Konsequenzen ihr Verhalten hat und was sie unter Umständen anders machen möchten. Im Blick auf die Gruppe müssen Sie gewährleisten, daß keiner be- bzw. verurteilt wird und daß jeder, der das möchte, von anderen Feedback erhält. Dazu sollten Sie ab und zu ermuntern. Die Mitteilungen einzelner Gruppenmitglieder an andere erleichtern Ihre Arbeit und gestalten den Prozeß lebendiger.

◆ **Anregung, die Erfahrung mit dem täglichen Leben zu verbinden** – Das ist ein außerordentlich wichtiger Punkt, der oft übersehen wird: Der Transfer muß bereits in der Gruppe angebahnt werden. Nützlich sind hier Fragen wie: „Was willst du mit diesen Erfahrungen für die Zukunft anfangen? – Willst du daraus Konsequenzen ziehen? Wenn ja, welche? – Was willst du möglicherweise anders machen? Wie kannst du dabei vorgehen?" Die Auswertungsgespräche sind für jeden Leiter die größte Herausforderung bei seiner Arbeit. Überdehnen Sie sie nicht und stoppen Sie, wenn das Interesse nachläßt.

Weitere Hinweise

Im folgenden wollen wir Sie noch auf einige Dinge aufmerksam machen, die sich bei unserer eigenen Arbeit als wichtig herausgestellt haben. Diese Hinweise sind sicher nicht vollständig. Wir bitten Sie daher, sehr aufmerksam zu arbeiten und Ihre eigenen Erfahrungen immer wieder kritisch auszuwerten.

Zeitbedarf
Im Durchschnitt benötigen Sie ungefähr eine Stunde für eine Übung. Wenn die Gruppe an einer besonders intensiven Auswertung interessiert ist, kann sich der Zeitbedarf entsprechend verlängern (verdoppeln). Nach unserer Erfahrung ist das häufiger der Fall bei Gruppen mit erwachsenen Teilnehmern als in Gruppen mit Jugendlichen.

Gruppengröße
Die Gruppe sollte nicht mehr als zwanzig und nicht weniger als zwölf Teilnehmer haben. Eine zu kleine Gruppe bietet zu wenig Anregungen und kann unter gewissen Umständen durch die größere Intimität für einzelne Teilnehmer zu anstrengend werden. In einer zu großen Gruppe fühlt sich dagegen der einzelne nur schwer „zu Hause", so daß er die für ihn wichtigen Dinge vielleicht nicht mitteilen mag.

Vorbereitung
Wir empfehlen Ihnen sehr, sich auf die einzelne Sitzung durch unsere

„Einstimmung" vorzubereiten. Bei der weiteren Vorbereitung ist es nützlich, daß Sie überlegen, welche Auswertungsfragen Sie besonders betonen wollen. Halten Sie sich dabei vor Augen, daß Sie eher ein theologisch-pädagogischer Berater Ihrer Gruppe sind, nicht jedoch ihr Therapeut.

Beginn einer Sitzung

Geben Sie zu Beginn jeder Sitzung Gelegenheit, Überreste von der vorangehenden Sitzung anzusprechen. Nur so ist gewährleistet, daß sich die Teilnehmer wirklich auf die neue Thematik einstellen können.

Ende einer Sitzung

Geben Sie jedem Teilnehmer am Ende einer Sitzung im Rahmen eines „Blitzlichts" Gelegenheit, seine Gedanken und Gefühle zu äußern. Dieses Verfahren stärkt die Zusammengehörigkeit der Gruppenmitglieder und gibt Ihnen wertvolle diagnostische Hinweise. (Zum „Blitzlicht" vgl. Übung Nr. 41.)

Unterrichtstagebuch

Wenn Sie ein Unterrichtstagebuch führen, können Sie leichter Ihre eigene Arbeit als Gruppenleiter kritisch würdigen und präziser die Entwicklung der Gruppe einschätzen. Auf dieser Basis können Sie den Teilnehmern besser helfen, die für sie relevanten Themen zu bearbeiten.

Störungen

Berücksichtigen Sie die Regel der Themenzentrierten Interaktion: „Störungen haben Vorrang." Das gilt für Ihre eigenen Leitungsschwierigkeiten ebenso wie für Störungen in der Gruppe und einzelner Teilnehmer. Vielleicht sind Sie selbst noch in Gedanken bei einer Beerdigung, von der Sie gerade hergeeilt sind. Vielleicht sind einzelne Teilnehmer noch stark mit anderen Problemen beschäftigt und können sich noch nicht auf das einlassen, was hier geschehen soll.

Ausstrahlung

Prüfen Sie, wieweit Ihnen die Arbeitsergebnisse aus dem Kurs an anderer Stelle helfen können. Was können Sie zur Vorbereitung der Predigt benutzen? Wie können einzelne Teile im Gottesdienst der Gemeinde dargestellt werden?

Vorschläge für kleinere Kurseinheiten

Im folgenden möchten wir Ihnen einige Anregungen geben, wie Sie aus dem gesamten Lernangebot kleinere Kurseinheiten zusammenstellen können:

Am intensivsten können sich die Teilnehmer natürlich mit dem Vaterunser auseinandersetzen, wenn sie alle Übungen in der von uns gewählten Reihenfolge durchspielen. Andererseits ist uns klar, daß dieser Weg wohl in den wenigsten Fällen beschritten werden kann.

Eine sehr plausible Verdichtung erzielen Sie, wenn Sie aus jedem Kapitel eine Übung auswählen, die Ihnen für die Interessenstruktur Ihrer Gruppe am passendsten zu sein scheint. Auf diese Weise haben Sie einen Kurs mit zwölf Sitzungen. Diese Art des Vorgehens bewahrt auch die ganze theologische Bandbreite des Vaterunsers.

Eine andere Art der Verdichtung können Sie erzielen, wenn Sie theologisch-pädagogische Brennpunkte bilden und zum Beispiel alle Übungen aus den Kapiteln „Vater im Himmel" und „Gebet" auswählen und damit den Teilnehmern die Vertiefung wichtiger theologisch-psychologischer Einsichten ermöglichen. Wie immer Sie sich entscheiden, beachten Sie bitte die folgenden Kriterien bei der Auswahl:

◆ Der Schwierigkeitsgrad der Übungen muß dem Reifezustand der Gruppe entsprechen.

◆ Die theologisch-psychologische Thematik der Übung muß anknüpfen an den Lerninteressen der Teilnehmer.

◆ Die Übungen sollten nach Möglichkeit in der hier vorgegebenen Reihenfolge erprobt werden (also Übung Nr. 13 nach Übung Nr. 9 etc.)

Für Gruppenleiter, die sich besonders unsicher fühlen, möchten wir Vorschläge für sechs verschiedene Kurseinheiten vorlegen, die nach unserer Einschätzung den durchschnittlichen Interessen und inneren Möglichkeiten einer Konfirmandengruppe bzw. Erwachsenengruppe entsprechen.

Kurseinheit A – Konfirmandengruppe (6 Sitzungen)
(9) Vaterunser für ein kleines Kind – (14) Himmel und Erde – (27) Gottes Willen hören – (36) Unterschiedliche Reaktion – (40) Was mir Kraft gibt – (43) Faust öffnen.

Kurseinheit B – Konfirmandengruppe (12 Sitzungen)

(3) Beziehung zu Gott – (5) Meine größte Bitte – (9) Vaterunser für ein kleines Kind – (12) Brief an den Vater – (19) Gemischte Gefühle – (24) Was ich an dir schätze – (27) Gottes Willen hören – (30) Bewußt essen – (36) Unterschiedliche Reaktion – (40) Was mir Kraft gibt – (42) Befreiung.

Kurseinheit C – Konfirmandengruppe (Wochenende)

(10) Eine neue Reihenfolge – (12) Brief an den Vater – (15) Himmel auf Erden – (19) Gemischte Gefühle – (30) Bewußt essen – (35) Schuld und Vergebung.

Kurseinheit D – Erwachsenengruppe (6 Sitzungen)

(2) Mein Kindergebet – (11) Telepathische Verbindung – (20) Unterwegs – (28) Indirektes Nein – (34) Alligator-River – (45) Tue das, so wirst du leben.

Kurseinheit E – Erwachsenengruppe (12 Sitzungen)

(2) Mein Kindergebet – (6) Was ich von dir möchte – (11) Telepathische Verbindung – (13) Dank an Vater oder Mutter – (20) Unterwegs – (21) Ein glücklicher Augenblick – (28) Indirektes Nein – (29) Mein Körper – (34) Alligator-River – (38) Was mir wichtig ist – (45) Tue das, so wirst du leben.

Kurseinheit F – Erwachsenengruppe (Wochenende)

(3) Meine Beziehung zu Gott – (9) Vaterunser für ein kleines Kind – (20) Unterwegs – (28) Indirektes Nein – (30) Bewußt essen – (36) Unterschiedliche Reaktion.

Vater unser im Himmel,
Geheiligt werde dein Name.
Dein Reich komme.
Dein Wille geschehe, wie im Himmel, so auf Erden.
Unser tägliches Brot gib uns heute.
Und vergib uns unsere Schuld, wie auch wir vergeben
unsern Schuldigern.
Und führe uns nicht in Versuchung,
Sondern erlöse uns von dem Bösen.
(Denn dein ist das Reich und die Kraft
Und die Herrlichkeit in Ewigkeit.)
Amen.

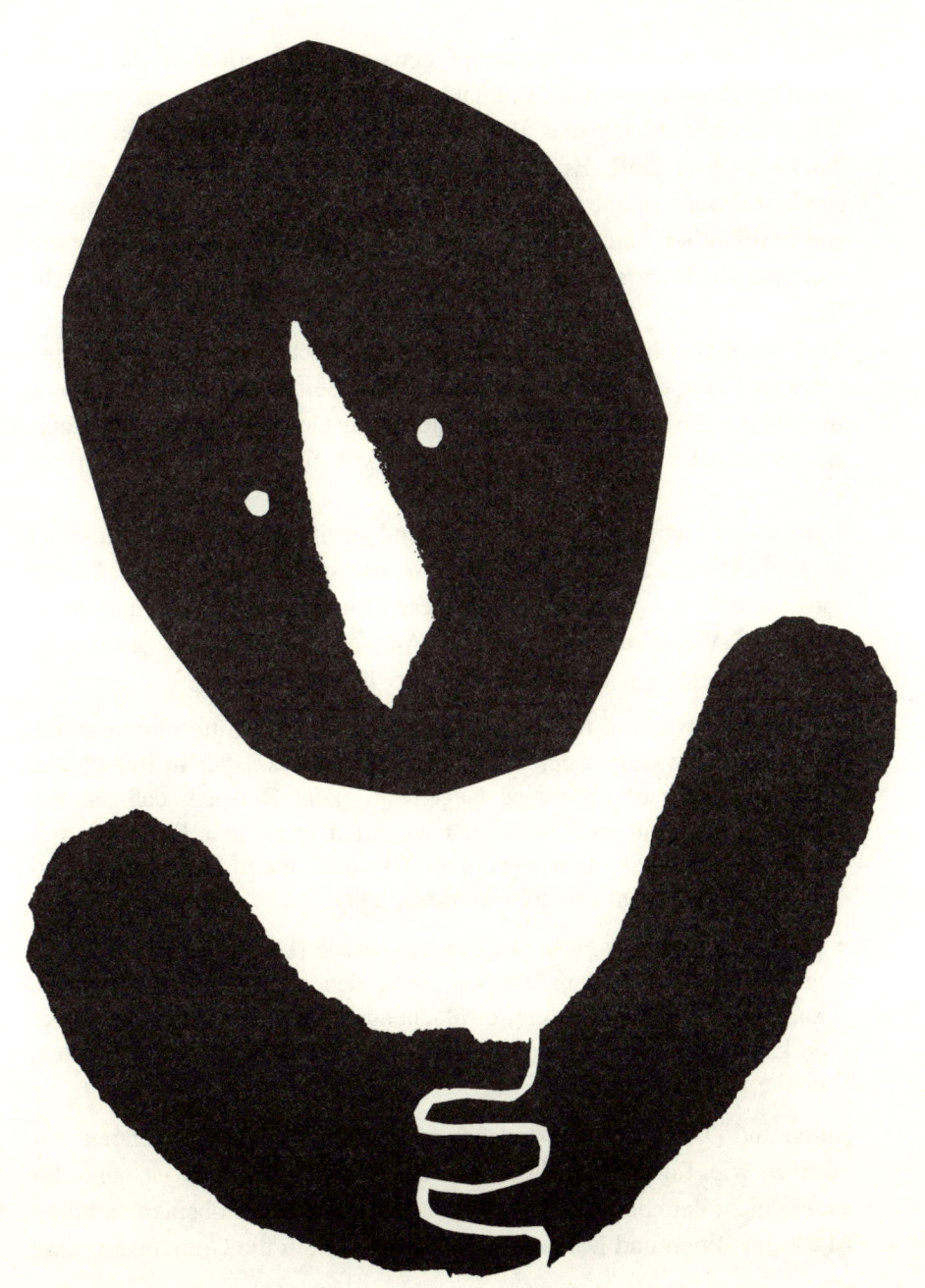

THEOLOGISCHE AKZENTE

Ich bin, was ich tue.
(C.S. Lewis)

Wenn einer einen Sportwettkampf gewinnt, dann erlebt er die Freude daran mindestens zweimal. Einmal, wenn er weiß: „Ich habe gewonnen." Wir kennen wohl alle das Bild, wie ein Athlet mit erhobenen Armen durchs Stadion läuft. Es ist die spontane erste Freude. Etwas anderes geschieht, wenn er auf dem „Treppchen" steht, wenn sein Name genannt und er öffentlich zum Sieger erklärt wird. Beides gehört zusammen, das spontane Hochwerfen der Arme und die rituelle, liturgische, öffentliche Feier.

Auch das Gebet hat eine spontane, augenblickliche, individuelle Komponente und eine öffentlich-liturgische. Beide Seiten wollen bedacht sein; sie gehören zusammen. Wir legen hier mehr Gewicht auf das Spontane, die persönliche Aneignung. Das Rituelle begleitet uns hier mehr am Rande.

Wer für sein Gebet einen „Sitz im Leben" gewinnen will, wird von seiner augenblicklichen Situation ausgehen, so wie sie hier und jetzt ist. Und er wird versuchen, mit seinem Gebet diese Situation zu erfassen und ihr zu antworten. Vier Grundformen dieser Antwort, die innerlich zusammengehören, möchte ich aus der Tradition der Kirche nennen:

◆ Ich bitte um etwas für mich (Bittgebet). Mit der Bitte nimmt meine Phantasie etwas vorweg, was noch nicht ist, was aber in irgendeiner Weise reicher ist als meine Gegenwart (zum Beispiel, daß ich satt werde). Es kann auch sein, daß ich mich in meiner Phantasie von etwas trenne, was mich ärgert (zum Beispiel von meiner Geschäftigkeit, die mich nicht zur Ruhe kommen läßt).

◆ Ich danke für etwas, was mir gewährt wurde (Dankgebet). Das ist die andere Seite des Bittens. Danken heißt, den Augenblick genießen. Es kann ein Glücksschrei sein, ein lachendes Kind, das beschenkt wird; es kann die Freude am gedeckten Tisch sein, am Essen und Trinken, an der Farbe der Blumen.

Bitten und Danken sind Grundaussagen des Menschen. Sie gehören zusammen wie Tag und Nacht, wie Wärme und Kälte. Eins ist ohne das andere nicht denkbar (auch wenn meistens nur eins von beiden zu hören ist). Beim Bitten und Danken geht es zunächst um die Grundbedürfnisse des Menschen, um das „tägliche Brot" und um den Menschen, der bei uns ist. Bitten und Danken können eine Lebenseinstellung ausdrücken, in der uns das, was alltäglich und banal zu sein scheint, als „Wunderbares" bewußt wird. Dies zeigt besonders schön das Dankgebet (oder ist es ein Bittgebet?) von W. Gössmann:

> *Das Wasser, das wir brauchen,*
> *das Licht, das für uns brennt,*
> *der Tisch mit Bank und Stühlen,*
> *das Brot, die Milch,*
> *wie alle dafür sorgen,*
> *daß alles, was wir brauchen,*
> *in unserer Wohnung ist.*

Ein höheres Maß an Phantasie, Distanzierungsvermögen und damit Lebensreife verlangen die beiden anderen Formen des Gebetes:

♦ Ich versetze mich in die Lage eines anderen (Fürbittengebet). Ich identifiziere mich mit einem anderen und stelle mir zugleich eine für ihn reichere Zukunft vor. Die Fürbitte setzt voraus, daß ich von mir selbst Abstand gewinnen, mit den Augen eines anderen sehen und mit den Ohren eines anderen hören kann. Und zugleich weiß ich noch um die Möglichkeit einer besseren Zukunft.

♦ Ich sehe, daß ich mich verfehlt habe (Bußgebet). Auch hierbei gewinne ich Abstand von mir selbst. Ich entdecke, daß ich mich von meiner Vergangenheit lösen und neue Möglichkeiten, bisher noch nicht gesehene Chancen, entfalten kann.

Nicht die Anrede „Herr" oder „Gott" macht ein Gebet aus, sondern die Echtheit und Wahrhaftigkeit, mit der ich wahrnehme, spreche und handle. Der Betende ist gefragt, wie aufrichtig er mit sich selbst, mit anderen, mit Gott kommuniziert. (Deshalb schließen auch die rituellen Gebete mit „Amen".)
Wenn ich bete, möchte ich die Verantwortung auch nicht von mir weg auf einen fernen Gott abschieben. Im Gebet kann ich Mut finden, selbst eine Antwort zu suchen und meine Haltung und Perspektive zu verändern.
Beten kann mich den Hunger nach Gerechtigkeit noch mehr spüren lassen und die Hoffnung auf eine veränderbare und bessere Welt wachhalten. Es kann mich selbst liebesfähiger machen und die Sache Gottes zu meiner eigenen werden lassen.

Wenn ich dies so schreibe, spüre ich, wie die Worte groß und gewichtig werden, wie sie sich nur schwer betasten und begreifen lassen. Hier werden die Schwierigkeiten, die die meisten Menschen (wie ich selbst) mit dem Gebet haben, offenkundig. Die meisten haben in ihrer Kindheit Gebete gelernt, die sie heute nicht mehr tragen. Und oft sind die Brücken vergangener Tage wirklich nicht mehr ausreichend für unsere heutigen, vielfältigen Anforderungen. Aber könnte nicht auch noch ganz gutes Material dabei sein, das uns ermöglicht, neue Brücken zu bauen?

Und noch ein letztes Wort: Beten kann so etwas sein wie eine gelegentliche Tätigkeit, aber auch so etwas wie eine Lebenshaltung (1. Thessalonicher 5, 17), etwas Grundlegendes wie das Atmen. Es ist Teil des Lebens selbst, ob ich bewußt formuliere oder nicht. Beten ist wie Ausatmen und Einatmen, und ich muß darauf achten, daß ich die verbrauchte Luft nicht noch einmal einatme, sondern neue Luft bekomme.

Wer betet, möchte eine Antwort erhalten. Eine Antwort, die reichhaltiger, vielfältiger, überraschender, schöpferischer, schmerzlicher, freudiger sein kann, als wir es planen und uns ausdenken können. Wie das geschehen kann, schreibt S. Kierkegaard:

> *Als mein Gebet immer andächtiger und innerlicher wurde,*
> *da hatte ich immer weniger und weniger zu sagen.*
> *Zuletzt wurde ich ganz still.*
> *Ich wurde, was womöglich ein größerer*
> *Gegensatz zum Reden ist,*
> *ich wurde ein Hörer.*
> *Ich meinte erst, Beten sei Reden.*
> *Ich lernte aber, daß Beten nicht nur Schweigen ist,*
> *sondern Hören.*
> *So ist es: Beten heißt nicht, sich selbst reden hören,*
> *beten heißt, still werden und still sein*
> *und warten, bis der Betende Gott hört.*

Eine zunächst ungewohnte Reihenfolge, die Kierkegaard hier nennt: Stillwerden – Schweigen – Hören – Gott hören.

Bei Luther klingt das drastischer: „Je mehr Worte, desto schlechter das Gebet: wenig Worte und viel dabei denken ist christlich, viele Worte und wenig dabei denken ist heidnisch. Darum sagt Christus (Matthäus 6, 7): „Ihr sollt nicht wie die Heiden viel reden, wenn ihr betet." (WA 2, 81)

Nicht die Menge der Worte ist entscheidend. Entscheidend ist, eine lebendige Antwort zu erfassen. Oder anders gesagt: Die Antwort auf alles Bitten ist schon gegeben. Und das Gebet kann nicht viel mehr tun, als die Antwort Gottes in mich hineinzuholen.

ZUR EINSTIMMUNG DES LEITERS

Lesen Sie noch einmal den Text von Kierkegaard:

> *Als mein Gebet immer andächtiger und innerlicher wurde,*
> *da hatte ich immer weniger und weniger zu sagen.*
> *Zuletzt wurde ich ganz still.*
> *Ich wurde, was womöglich ein größerer*
> *Gegensatz zum Reden ist,*
> *ich wurde ein Hörer.*
> *Ich meinte erst, Beten sei Reden.*
> *Ich lernte aber, daß Beten nicht nur Schweigen ist,*
> *sondern Hören.*
> *So ist es: Beten heißt nicht, sich selbst reden hören,*
> *beten heißt, still werden und still sein*
> *und warten, bis der Betende Gott hört.*

Gibt es in Ihrem Leben eine Situation, in der es Ihnen so ging, wie es hier beschrieben wird?...

Vergegenwärtigen Sie sich diese Situation. Worum haben Sie gebetet?...

Welche Antworten haben Sie bekommen?...

Haben Sie sich in letzter Zeit oft genug die Ruhe gegönnt, die Sie zum „Hören" brauchen?...

Übung: Das erste Gebet

Ziele: Die Teilnehmer sollen erkennen, daß Beten eine besondere Form menschlicher Verständigung ist. In Abgrenzung zum rituellen Gebet können sie neu entdecken, daß Beten auch ein spontaner Akt ist. Beten gehört zum Menschsein überhaupt, unabhängig von der jeweiligen Kultur oder Religion.

Material: Papier und Bleistift, Pinnwand.

Anleitung: Ich denke, ihr wißt, daß das Vaterunser vor nicht ganz zweitausend Jahren entstand. Gebetet haben die Menschen in vielen Völkern mit Sicherheit schon sehr viel früher. Ich möchte euch einladen, mit Hilfe eurer Phantasie und eures Einfühlungsvermögens auszudenken, wie uralte Gebete wohl gelautet haben können.
Setzt euch bequem hin und schließt die Augen... Atmet ein wenig tiefer als gewöhnlich... (20 Sek.)
Spannt jetzt alle Muskeln eures Körpers so stark wie möglich an... und laßt los... (10 Sek.)
Wiederholt das; spannt alle Muskeln so kräftig an, wie ihr könnt... und laßt wieder los... (10 Sek.)
Nun spannt die Muskeln eures Körpers ein letztes Mal mit aller Kraft an... und laßt wieder los... (10 Sek.)
Atmet jetzt zehnmal tief ein und aus. Zählt jedesmal, wenn ihr einatmet... (ca. 90 Sek.)
Geht jetzt mit eurer Phantasie zurück in uralte Zeiten, als es noch keine Schrift gab und aus der wir auch keine Aufzeichnungen haben... Stellt euch die Menschen vor, die damals lebten... Wie war ihr Leben? Worüber sprachen sie miteinander? Wovor fürchteten sie sich? Worüber freuten sie sich?... (1 Min.)
Versucht nun herauszufinden, wie das älteste Gebet lautete, das ein Mensch je gesprochen hat... Stellt euch den Menschen und seine Situation vor... In welcher Umgebung ist er? Was tut er gerade? Wer ist bei ihm? Was veranlaßt ihn zum Beten? Versucht die Worte zu hören, die er spricht... (2 Min.)
Verabschiedet euch jetzt von diesem Menschen, der vor so langer Zeit lebte, und kommt mit eurer Aufmerksamkeit langsam in diesen Raum und in diese Gruppe zurück... (30 Sek.)
Öffnet eure Augen und schaut euch um...

Notiert jetzt die Worte des Gebets, das ihr in der Phantasie gehört habt. Wer in der Phantasie nichts gehört hat, kann aufschreiben, wie nach seiner Meinung das erste Gebet hätte lauten können. Ihr habt fünf Minuten Zeit...

Ich möchte, daß ihr uns jetzt nacheinander kurz erzählt, was ihr in der Phantasie gesehen habt, und wie das älteste Gebet lautete. Wer möchte beginnen?...

(Laden Sie die Teilnehmer anschließend zu einer kurzen Auswertung ein.)

Auswertung:
- Wie hat mir diese Übung gefallen?
- Was war für mich besonders wichtig?
- Welche Arten von Gebeten sind herausgekommen?
- Worum ging es in den Gebeten?
- Welche Gefühle hatte ich für den Menschen in meiner Phantasie? Habe ich selbst schon ähnlich gebetet?
- Wann war das?
- Was ist der Unterschied zwischen diesem Gebet und dem Vaterunser?
- Was möchte ich sonst noch sagen?

Hinweise: Oft werden in den „ältesten Gebeten" die menschlichen Grundbedürfnisse nach Essen und Wärme genannt. Meistens haben die Gebete auch keine Anrede; ihre Form ist noch wenig entfaltet, sie ist „steinzeitlich".

Übung: Mein Kindergebet

Ziele: Die Gebete der Kindheit sind in der Regel von den Eltern vorgegeben. Für den heranwachsenden oder erwachsenen Menschen ist es sinnvoll, sich kritisch zu fragen: „Was ist heute noch von diesem Kindergebet bedeutungsvoll für mich? Was lehne ich als überflüssig oder sogar schädlich ab?" Die Teilnehmer werden angeregt, sich diesen Fragen zu stellen, um herauszufinden, worauf sie nicht verzichten wollen und was für sie heute noch wichtig ist.

Material: Papier und Bleistift.

Anleitung: Die meisten von uns haben das Beten in der frühen Kindheit von den Eltern gelernt. Ich möchte, daß ihr euch heute einmal mit eurem ersten Kindergebet beschäftigt. Schreibt dazu den Text dieses Gebetes auf. Wer erst später zu beten begann, schreibt das früheste Gebet auf, an das er sich erinnert. Wer gar nicht gelernt hat zu beten, schreibt irgendein Kindergebet auf, das er von anderen kennt… (ca. 5 Min.)

Nun schaut euer Gebet noch einmal an… Gibt es Teile, die ihr aus heutiger Sicht streichen würdet? Welche sind das? Welche Teile des Gebets haltet ihr für wertvoll?… Streicht die Wörter aus, die ihr nicht mehr in dem Gebet haben wollt… (ca. 3 Min.)

Nun habt ihr Gelegenheit, aus den wertvollen Resten eures Gebets ein neues Kindergebet zu schreiben, das euch besser gefällt und das ihr damals lieber gesprochen hättet. Natürlich könnt ihr auch Ergänzungen einfügen. Stellt euch die Frage: „Welches Gebet würde ich gern sprechen, wenn ich noch einmal klein wäre?" Ihr habt zehn Minuten Zeit für diese Aufgabe…

Sucht euch jetzt aus der Gruppe einen Teilnehmer aus, mit dem ihr euch austauschen wollt. Sprecht miteinander darüber, was euch zu den Streichungen gebracht hat und wozu ihr eure Ergänzungen vorgenommen habt. Für euer Gespräch habt ihr noch einmal zehn Minuten Zeit…

(Lassen Sie im Verlauf der folgenden Gesamtauswertung die Teilnehmer ihre neuen Kindergebete vorlesen, sofern sie das möchten.)

Auswertung:
- Wie hat mir diese Übung gefallen?
- Was war besonders wichtig für mich?
- Was hat mich dazu gebracht, bestimmte Teile des Kindergebets zu streichen?
- Was macht bestimmte Teile des Kindergebets noch heute wertvoll für mich?
- Wer hat mich beten gelehrt? Wie alt war ich damals?
- Welches Gebet möchte ich einmal mit meinem eigenen Kind beten?
- Wie alt sollte das Kind dann sein? Was möchte ich sonst noch sagen?

Hinweise: Diese Übung ist für Erwachsene leichter als für Jugendliche, da der Erwachsene mehr Distanz zu seiner eigenen Kindheit hat und sie daher leichter beurteilen kann.

Für Jugendliche ist unter Umständen folgende Variation der Übung ergiebiger: Jeweils zwei Teilnehmer entwerfen gemeinsam ein Kindergebet für ein späteres eigenes Kind. Wer das Gebet allein schreiben möchte, kann so verfahren.

Übung: Meine Beziehung zu Gott

*Wenn ihr betet, sollt ihr
nicht viel plappern wie die Heiden,
denn sie meinen, sie werden erhört,
wenn sie viele Worte machen.
Darum sollt ihr ihnen nicht gleichen.
(Matthäus 6, 7f.)*

Ziele: Die Teilnehmer sollen hier Gelegenheit haben, einem Bibeltext zu begegnen, der auf das Vaterunser weist. Matthäus 6, 7 fordert uns auf, bewußt und konzentriert mit Gott zu sprechen. Die hier vorgeschlagene Übung regt die Teilnehmer an, ihre Beziehung zu Gott aus einer neuen Perspektive zu sehen und sich dabei auf das Wesentliche zu konzentrieren.

Material: Papier (DIN A3 oder A2), Wachskreide oder Filzschreiber und ein Plakat mit dem Bibeltext Matthäus 6, 7, das Sie bitte für alle sichtbar aufhängen.

Anleitung: Unser Text ist die Einleitung zum Vaterunser. Für Matthäus war damals das Vaterunser offensichtlich die Form eines Gebets, in dem nicht geplappert, sondern in dem aufmerksam und konzentriert mit Gott geredet wird.
Ich möchte euch heute Gelegenheit geben, euch in ungewöhnlicher Weise auf eure Beziehung zu Gott zu konzentrieren.
Nehmt euch bitte Papier und Wachskreide…
Eure Aufgabe ist es, zwei beliebige Figuren zu malen, von denen die eine Gott, die andere euch selbst darstellen soll. Jede Figur soll aus einer Linie bestehen, die einen beliebigen Verlauf hat und zu ihrem Ausgangspunkt zurückkehrt. Die besondere Art eurer Beziehung zu Gott könnt ihr dabei durch die Form beider Figuren, durch ihre Größe und durch den Abstand, den diese beiden Figuren zueinander haben, zum Ausdruck bringen. Habt ihr verstanden, was ich meine?…
Ihr habt jetzt fünf Minuten Zeit, um zu malen…
Jetzt schaut euch eure Bilder an. Versucht, in einem Satz zu sagen, was das Bild ausdrückt. Schreibt diesen Satz auf euer Bild. Ihr habt noch einmal fünf Minuten Zeit…
Kommt nun zurück in den großen Kreis… Ich möchte, daß jeder, der dazu bereit ist, sein Bild der Gruppe zeigt und seinen Satz mitteilt. Anschließend können wir unsere Erfahrungen gemeinsam besprechen…

Auswertung:
- Wie hat mir diese Übung gefallen?
- Was war überraschend für mich?
- Gefällt mir die Beziehung, die ich im Augenblick zu Gott habe?
- Ist Gott dabei zu klein oder zu groß, zu nahe oder zu weit entfernt?
- Was gibt mir meine Beziehung zu Gott?
- Was nimmt sie mir?
- Möchte ich etwas an meiner Beziehung zu Gott ändern? Wie kann ich das tun?
- Wessen Bild hat mir besonders gut gefallen?
- Welche Teilnehmer haben ein ähnliches Bild gemalt wie ich? Worin sind wir uns sonst ähnlich?
- Was möchte ich sonst noch sagen?

Hinweise: Diese Übung hilft fast immer, komplexe theologische Positionen durchschaubar zu machen. Dabei können Lebenseinstellung und Gottesbild deutlich und leichter ansprechbar werden. Die Übung führt in der Regel zu wichtigen Gesprächen der Teilnehmer. Sie eignet sich auch gut als Einzelübung in Situationen, in denen es um die Klärung theologischer Positionen geht.

Variation: Lassen Sie die Teilnehmer eine „passende" Farbe für Gott und für sich selbst auswählen. Bei der Auswertung ist dann die Gefühlsaussage, die in den beiden Farben liegt, zu besprechen.
Die Auswertung kann auch im Partnergespräch oder in Kleingruppen beginnen. Dabei sollten sich zu jedem Bild zunächst die anderen äußern. In diesem Fall sollte der Satz auch auf die Rückseite des Bildes geschrieben werden, um die spontanen Äußerungen der anderen nicht zu beeinflussen.

KAPITEL 2
ZUM BITTEN
UND DANKEN

THEOLOGISCHE AKZENTE

Das Beste bekommen wir geschenkt.

Bitten

Wenn ich jemanden um etwas bitte, muß ich ihm die Freiheit lassen, auf meine Bitte mit Ja oder Nein zu antworten. Ich mache es ihm sonst besonders schwer oder unmöglich, mir gegenüber aufrichtig zu sein.

Und weiter: wenn ich alle meine Wünsche erfüllt bekomme und nur „Ja" höre, wird es mir bald langweilig werden. Ich werde kaum selbständig und für mich selbst verantwortlich werden können.

Um auch ein Nein besser akzeptieren zu können, kann ich mir folgende Fragen stellen:

- ◆ Habe ich die Bitte so gestellt, daß sie nicht als Bitte, sondern als Nötigung verstanden wurde?

- ◆ Habe ich den Falschen gebeten? Hätte mir ein anderer helfen können?

- ◆ Stimmt die Beziehung nicht, so daß zunächst der verdeckte Konflikt zwischen uns bereinigt werden muß?

Es gibt viele Möglichkeiten – ein eindeutiges Nein kann mir helfen, gründlicher über mich und den anderen nachzudenken.

So wie die Antwort auf eine Bitte Ja oder Nein sein muß, sollte die Bitte selbst auch eindeutig formuliert sein. Häufig werden unklare oder vieldeutige Bitten gestellt. Dahinter steht die Angst, abgelehnt zu werden. Mancher wagt nicht zu bitten, weil er Angst hat, daß nicht seine Bitte, sondern er selbst abgelehnt wird. Die Angst, abgewiesen zu werden, kann dann alle weiteren Handlungen bestimmen.

Beim Bitten spielt uns unsere Phantasie einen Streich. Wir erbitten einen Fisch und befürchten, eine Schlange zu bekommen; wir erbitten ein Ei und befürchten, einen Skorpion zu erhalten (Lukas 11, 11 f.). Die Ermutigung zum Bitten, die Jesus in diesem Zusammenhang gibt (vgl. Lukas 18, 1–5), ist dringend nötig. Wir sind leicht mit einer Entschuldigung zur Hand, daß unsere Bitte doch nichts nütze, daß die Leute so hart seien, daß die Umstände leider nicht so seien…

Hinter all diesen Rationalisierungen, weshalb wir nicht klar und eindeutig bitten, steht noch etwas anderes: Wenn ich bitte, muß ich mich zu meiner Schwäche bekennen. Ich bin für einen Augenblick darauf angewiesen, daß mir etwas geschenkt wird, was ich mir nicht selbst geben oder nehmen kann. Das ist für die meisten Menschen schwer einzugestehen. Schwäche zu zeigen, ist ungewohnt. Meist verberge ich meine Schwäche und bezahle den teuren Preis dafür, daß ich nicht bekomme, was ich möchte. In diesem Zusammenhang gewinnt das Wort des Paulus (2. Korinther 12, 10), „Wenn ich schwach bin, bin ich stark", neue Bedeutung.

Danken

„Dies ist mein Glaube, daß jede Blume sich an der Luft, die sie atmet, freut", sagt W. Wordworth (in: „Lines Written in Early Spring"). Danken ist eigentlich nicht mehr, als das Selbstverständliche wahrzunehmen und sich daran zu freuen. Und genau darin liegt auch die Schwierigkeit. Ich freue mich nicht ständig an meinem rechten Zeigefinger, den ich jetzt zum Schreiben brauche, oder an dem Licht, mit dem ich sehen kann. Erst wenn mir etwas fehlt oder wenn etwas gestört ist, nehme ich es wahr. Viele Geschehnisse lasse ich nicht richtig in mein Bewußtsein. Ich nehme sie nicht wahr, indem ich sie kontrolliere, beurteile, katalogisiere, etikettiere, ausblende, vermeide und verdränge.

Und vor allem: sehr oft erwarte ich noch etwas Besseres und Größeres in der Zukunft und verliere dabei das Gute und Schöne, das schon vorhanden ist. Manchmal befürchte ich etwas, was auf mich zukommen könnte, und vergesse darüber den Augenblick.

Jesus spricht von denen, die mit sehenden Augen nicht sehen und mit hörenden Ohren nicht hören (Matthäus 13, 13), und er preist die, die sehen können. Danken heißt, offen zu sein für den Augenblick, zuzulassen, was geschieht, jetzt nichts ändern zu wollen. Danken heißt, in der Schöpfung sein.

Das ist nicht leicht. Zu sehr sind wir gewohnt, aktiv zu sein und die Welt zu verbessern. Aber das ist nur die eine Seite des Lebens. Ein altes Sprichwort aus dem Chassidim weiß da mehr: Es erzählt, daß der Mensch zwei Manteltaschen brauche, in die er dann und wann – je nachdem, was er benötigt – greifen kann. In der einen Tasche bewahrt er die Worte auf: „Ich bin Staub und Asche" und in der anderen die Worte: „Um meinetwillen wurde die Welt erschaffen."

ZUR EINSTIMMUNG DES LEITERS

Überlegen Sie einen Augenblick, welche Bitten und Wünsche Sie anderen Menschen gegenüber in der letzten Zeit empfanden und nicht aussprachen. Welche Bitten sind Ihnen nicht über die Lippen gekommen?…
Notieren Sie, wen Sie bitten wollten und worum Sie bitten wollten. Nehmen Sie sich dafür ungefähr drei Minuten Zeit.

....

....

....

....

....

Überlegen Sie nun weiter, welchen Dank Sie anderen Menschen gegenüber in der letzten Zeit empfanden und nicht aussprachen. Welcher Dank ist Ihnen nicht über die Lippen gekommen?…
Notieren Sie, wem Sie danken wollten und wofür. Nehmen Sie sich wieder ungefähr drei Minuten Zeit.

....

....

....

....

....

Entscheiden Sie jetzt, ob Sie nun mit einer unausgesprochenen Bitte oder einem unausgesprochenen Dank in der Phantasie weiter experimentieren wollen…
Wählen Sie aus Ihren Notizen eine Person aus, der Sie in der Phantasie danken oder eine Bitte vortragen möchten… Schließen Sie gleich die Augen und stellen Sie sich vor, daß die Person jetzt neben Ihnen sitzt…
Drücken Sie möglichst klar aus, was Sie sagen wollen… Warten Sie dann ab, wie der andere reagiert, und setzen Sie das Gespräch mit ihm für eine Weile in der Phantasie fort…
Lesen Sie erst weiter, wenn Sie das gemacht haben…
Haben Sie Lust, diesen Versuch auch in der Realität zu wagen?…
Was könnten Sie dabei gewinnen?…
Was könnten Sie dabei verlieren?…

Übung: Wen ich bitte

Ziele: In dieser verhältnismäßig leichten Einstiegsübung können sich die Teilnehmer bewußt werden, worum sie in ihrem Alltag bitten und an wen sie ihre Bitten richten. Dem einzelnen kann deutlich werden, welche Bitten er mit anderen gemeinsam hat. Er kann mehr innere Sicherheit gewinnen, wenn er merkt, daß er mit bestimmten Bitten nicht allein steht. Außerdem können Sie mit den Teilnehmern den Zusammenhang zwischen Bitten, Hoffnung auf Erfüllung und Furcht vor Ablehnung erarbeiten. Für die meisten Menschen gilt: Je mehr sie mit einer abschlägigen Antwort rechnen, desto weniger äußern sie ihre Bitten klar und deutlich.

Material: Weiße und rote Kärtchen (DIN A7), Bleistifte, Pinnwand.

Anleitung: Ich möchte euch eine Übung vorschlagen, in der es um Bitten geht. Jeder von uns bittet jeden Tag andere um mehr oder weniger wichtige Dinge. Ich bitte zum Beispiel meine Frau, einen Text mit mir durchzusprechen, oder ich bitte meinen Sohn, mir eine Schallplatte zu überspielen usw.
Denkt nun bitte an die vergangene Woche und erinnert euch daran, worum ihr andere gebeten habt. Wen habt ihr gebeten, und was war der Inhalt eurer Bitten?
Nehmt euch dann von den weißen Kärtchen so viele, wie ihr braucht, und schreibt auf jedes Kärtchen eine Bitte und darüber in Druckbuchstaben den Namen des Empfängers. Ihr habt für eure Aufgabe zehn Minuten Zeit…
Nun holt euch bitte jeder ein rotes Kärtchen…
Denkt wieder an die letzte Woche zurück und laßt euch eine Bitte einfallen, die ihr aus irgendeinem Grund nicht geäußert habt. Dann schreibt auf das rote Kärtchen diese unausgesprochene Bitte und den Namen desjenigen, dem ihr sie eigentlich stellen wolltet. Dafür habt ihr drei Minuten Zeit…
Jetzt sucht euch einen Partner aus, mit dem ihr besprechen wollt, was ihr auf die weißen Kärtchen geschrieben habt. Teilt euch mit, welche Bitten für euch leicht und welche schwer waren. Wenn ihr genügend Vertrauen zu eurem Partner habt, könnt ihr ihm auch erzählen, was ihr auf euer rotes Kärtchen geschrieben habt. Ihr habt für euer Gespräch zehn Minuten Zeit…
Kommt bitte wieder in den großen Kreis zurück…

Ich schlage vor, daß wir jetzt zusammenstellen, an welche Personen ihr eure Bitten gerichtet habt. Wer hat zum Beispiel seine Mutter um etwas gebeten?...

(Lassen Sie die Teilnehmer ihre entsprechenden Kärtchen untereinander an die Pinnwand heften, so daß verschiedene Spalten unter den Überschriften Mutter, Vater, Geschwister, Lehrer, Freund, Gott usw. gebildet werden. Sobald alle Kärtchen verteilt sind, sollten Sie oder ein Teilnehmer die Bitten vorlesen. Leiten Sie anschließend ein Gespräch ein zu folgenden Fragen:)

Zwischenauswertung:

– Welche Personen haben die meisten Bitten erhalten? Wurden auch Bitten an Gott gestellt?
– Welche Bitten wurden besonders häufig gestellt? Wie viele Kärtchen habe ich ausgefüllt?
– Welche Bitten finde ich leicht, welche schwer?
– Was macht ein und dieselbe Bitte für den einen leicht, für den anderen schwer?
– Fällt es mir überhaupt leicht, andere um etwas zu bitten?
– Bei wem fällt es mir am leichtesten, bei wem am schwersten?

Nach einem Gespräch von ca. 15 Minuten können Sie Freiwillige auffordern, den Inhalt des roten Kärtchens mitzuteilen. Um die Teilnehmer dazu zu ermutigen, können Sie selbst damit beginnen, eine bisher unausgesprochene Bitte zu veröffentlichen. Sprechen Sie anschließend mit den Teilnehmern darüber, was sie hinderte, diese Bitte tatsächlich zu stellen. Für die abschließende Auswertung sollten Sie ca. zehn Minuten reservieren.

Auswertung:

– Wie hat mir diese Übung gefallen?
– Was war am wichtigsten für mich?
– Äußere ich oft genug meine Bitten?
– Will ich Gott häufiger um etwas bitten?
– Was möchte ich sonst noch sagen?

Hinweise: Variation: Sie können die Kärtchen auch nach folgenden Kriterien ordnen lassen: schwere Bitten, mittelschwere, leichte Bitten. Jeder Teilnehmer heftet seine Kärtchen selbst in die für ihn passende Rubrik.

Übung: Meine größte Bitte

Ziele: Die Teilnehmer können sich darauf konzentrieren, was für sie in ihrer gegenwärtigen Lebenssituation besonders problematisch ist. Sie werden angeregt, zwischen alltäglichen Wünschen und unter Umständen lebensnotwenigen Bitten zu unterscheiden. Die Form des Briefes gestattet ihnen, die eigene Situation klar zu beschreiben und ihre oft diffusen Wünsche auf einen Brennpunkt zu konzentrieren. Auf diese Weise bietet der Brief auch eine Einübung in differenzierte Gebetsformen.

Material: Papier und Bleistift.

Anleitung: Ich nehme an, daß die meisten von euch gelegentlich beten und dabei große und kleine Dinge von Gott erbitten. Heute möchte ich, daß ihr einmal darüber nachdenkt, was die wichtigste Bitte ist, die ihr im Augenblick an Gott richten möchtet.

Setzt euch bequem hin und schließt die Augen… Atmet ein wenig tiefer als gewöhnlich… (20 Sek.)

Spannt jetzt alle Muskeln eures Körpers so stark an wie möglich… und laßt los… (10 Sek.)

Wiederholt das; spannt alle Muskeln so kräftig an, wie ihr könnt… und laßt wieder los… (10 Sek.)

Nun spannt die Muskeln eures Körpers ein letztes Mal mit aller Kraft an… und laßt wieder los… (10 Sek.)

Atmet jetzt zehnmal tief ein und aus. Zählt jedes Mal, wenn ihr einatmet… (ca . 90 Sek.)

Betrachtet euer Leben, das ihr im Augenblick führt… In welchen Punkten gefällt euch euer Leben? Worüber seid ihr glücklich? Wofür seid ihr dankbar? Bedenkt das eine Minute lang…

Jetzt konzentriert euch auf die Dinge in eurem Leben, mit denen ihr weniger zufrieden seid… Worüber seid ihr unzufrieden? Worüber seid ihr traurig oder sogar unglücklich? Was vermißt ihr? Denkt wieder eine Minute über diese Fragen nach…

Jetzt denkt bitte daran, daß wir eine ganze Menge in unserem Leben selbst verändern können. Einige Wünsche können wir uns selbst erfüllen. Andere Wünsche können uns andere Menschen erfüllen. Manche Wünsche halten wir für so schwerwiegend, daß wir Gott um ihre Erfüllung bitten. Bei all unseren Bitten, die wir an andere richten, können wir vorher nicht wissen, ob sie uns erfüllt werden. Behaltet das bitte im Gedächtnis.

Jetzt überlegt euch die wichtigste Bitte, die ihr heute an Gott richten wollt. Welche Bitte ist das?... (30 Sek.)

Schreibt nun bitte gleich an Gott einen Brief, in welchem ihr ihm mitteilt, was ihr von ihm möchtet...

Öffnet jetzt bitte langsam eure Augen. ...Habt ihr verstanden, was ich meine?... Dann nehmt euch jetzt Papier und Bleistift und schreibt euren Brief. Ihr habt dafür ungefähr 15 Minuten Zeit...

Überlegt euch nun, mit welchem Gruppenmitglied ihr euren Brief besprechen wollt... Setzt euch zusammen... Lest euch zunächst eure Briefe vor. Wenn ihr dann über die Briefe sprecht, behaltet folgende Fragen vor Augen:

(Notieren Sie die folgenden Fragen für alle sichtbar:)

◆ Habe ich vorher schon mit einem Menschen über diese Bitte gesprochen? Wenn ja, mit wem?

◆ Habe ich Gott um die Erfüllung dieser Bitte schon einmal gebeten?

◆ Glaube ich, daß Gott mich versteht?

Ihr habt nun fünfzehn Minuten Zeit für eure Unterhaltung mit dem Partner...

Kommt jetzt bitte wieder zum großen Kreis zurück, damit wir die Übung gemeinsam auswerten können...

Auswertung:
– Wie hat mir diese Übung gefallen?
– Was war am wichtigsten für mich?
– Wen habe ich mir als Partner gewählt? Habe ich ihn gebeten, mit mir zusammen zu sein? Habe ich gewartet, bis ich gebeten wurde?
– Wie leicht fällt es mir sonst, jemanden um etwas zu bitten?
– Möchte ich meinen Brief an Gott in der Gruppe vorlesen?
– Was kann ich tun, wenn meine Bitte nicht erfüllt wird?
– Was würde es für mich bedeuten, wenn diese Bitte erfüllt würde?
– Was kann ich selbst dazu beitragen, daß meine Bitte in Erfüllung geht?
– Was möchte ich sonst noch sagen?

Hinweise: Hier ist es besonders wichtig, daß die Teilnehmer in aller Ruhe überlegen und aushandeln, mit wem sie über ihren Brief sprechen wollen. Bei dem einen oder anderen Teilnehmer kann diese Übung starke Gefühle auslösen. Stellen Sie sicher, daß bei der Schlußauswertung rechtzeitig vor allem auch Empfindungen von Trauer und Einsamkeit mitgeteilt werden können. Bieten Sie Teilnehmern, die sich besonders einsam fühlen, an, sich irgend etwas „Erfüllbares" von der Gruppe zu wünschen.

Übung: Was ich von dir möchte

Ziele: Die Teilnehmer können erfahren, was es heißt, eine Bitte ohne Umschweife zu äußern. Sie erleben dabei das Risiko der Ablehnung und die Chance der Erfüllung.

Material: Kärtchen und Bleistift.

Anleitung: Ich möchte euch heute Gelegenheit geben zu üben, ein anderes Gruppenmitglied um etwas zu bitten. Jeder von uns hat Wünsche an andere Teilnehmer. Ich möchte zum Beispiel, daß ihr... (Äußern Sie eine aktuelle Bitte an die Gruppe.)

Manche Wünsche sind uns vielleicht gar nicht bewußt, während wir andere zwar kennen, aber vielleicht noch nicht ausgesprochen haben. Ich selbst habe zum Beispiel noch nicht darum gebeten, daß... (Ergänzen Sie diesen Satz.)

Leider tun wir oft so, als ob die anderen Hellseher sind, die uns unsere Wünsche von den Augen ablesen können. Das funktioniert jedoch nur selten. Wenn wir wirklich wollen, daß unsere Wünsche erfüllt werden, ist es notwendig, daß wir klar und deutlich sagen, was wir vom anderen möchten. Manchmal werden wir ein Nein zu hören bekommen. Dann können wir überlegen, ob wir einen anderen Menschen finden, der uns diese Bitte erfüllt. Oder wir bekommen ein Ja, und dann wird unser Mut zur Offenheit belohnt.

Macht jetzt bitte folgendes: Überlegt euch, an welches Gruppenmitglied ihr jetzt eine Bitte richten wollt. Die Bitte muß etwas beinhalten, was der andere tun kann. Ich kann zum Beispiel niemanden bitten, mich gern zu haben, denn niemand kann seine Gefühle willentlich beeinflussen. Aber ich kann ihn bitten, mir zu sagen, ob er mich gern hat. Habt ihr verstanden, was ich meine?...

Schreibt gleich auf ein Kärtchen den Namen des Gruppenmitgliedes, das ihr bitten wollt, und schreibt dann eure Bitte an diese Person darunter. Ihr habt dazu fünf Minuten Zeit...

Jetzt könnt ihr eure Bitten vortragen, und zwar einer nach dem anderen. Es ist wichtig, daß der Empfänger einer Bitte offen mitteilt, ob er die Bitte erfüllen möchte oder nicht. Wenn ihr das tut, begründet auch in ein paar Sätzen, weshalb ihr diese Bitte erfüllen wollt bzw. weshalb ihr sie nicht erfüllen wollt. Bedenkt auch, daß unsere Zeit begrenzt ist und daß wahrscheinlich nicht alle Teilnehmer ihre Bitte vortragen können.

Wer möchte beginnen?...
(Stoppen Sie den Prozeß so rechtzeitig, daß Sie noch mindestens 15 Minuten zur Auswertung haben.)

Auswertung:
- Wie hat mir diese Übung gefallen?
- War es leicht für mich, eine Bitte zu stellen oder auf die Bitte eines anderen zu reagieren?
- Welche Bitte eines anderen hat mich besonders angesprochen? Bin ich selbst auch von anderen um etwas gebeten worden?
- Habe ich die Zeit genutzt und meine Bitte rechtzeitig geäußert?
- Wie verhalte ich mich sonst, wenn ich mir von einem anderen etwas wünsche?
- Wie leicht fällt es mir, einem anderen Nein zu sagen?
- Wie leicht fällt es mir, das Nein eines anderen zu ertragen? Was möchte ich sonst noch sagen?

Hinweise: Voraussetzung für diese Übung ist, daß die Teilnehmer genügend Vertrauen zueinander haben, um wirklich offen Ja oder Nein zu sagen. Wenn zu Beginn niemand seine Bitte vorzutragen wagt, fordern Sie die Teilnehmer zunächst auf, ihre Schwierigkeiten mitzuteilen. In der Regel teilt dann irgendein Teilnehmer spontan seine Bitte mit.
Wenn Sie selbst an dieser Übung aktiv teilnehmen wollen, sollten Sie Ihre Bitte erst nennen, nachdem einige Teilnehmer ihre Wünsche geäußert haben.
In vielen Fällen ist es nützlich, das eigene Ja oder Nein auf die Bitte eines anderen kurz zu erläutern. Das dient der Überprüfung der eigenen Motive und hilft dem anderen, mich zu verstehen. Es reicht jedoch auch aus, nur mit Ja oder Nein zu antworten, wenn der Betreffende seine Motive entweder nicht klar erkennen kann oder nicht nennen will. Erklären Sie das den Teilnehmern. Es ist besser, mit einem einfachen Ja oder Nein zu antworten, als eine Verlegenheitsbegründung zu geben.

Übung: Wofür ich dankbar bin

Ziele: Für jeden Menschen ist es immer wieder wichtig, daß er sich klarmacht, nicht nur Defizite, sondern auch Grund zu Dankbarkeit und Zufriedenheit zu haben. Die Teilnehmer können sich hier vergegenwärtigen, was sie in ihrem Leben schätzen bzw. was sie im Augenblick genießen und worüber sie glücklich sind.

Material: Papier und Bleistift.

Anleitung: Ihr habt inzwischen verschiedene Formen des Gebets kennengelernt. Meistens waren das Bittgebete, in denen wir Gott um Hilfe und Unterstützung bitten.

Heute möchte ich, daß ihr euch mit dem Danken beschäftigt. Welche großen und kleinen Ereignisse und Dinge machen euch glücklich und zufrieden? Wofür seid ihr dankbar?...

Nehmt euch zunächst ein Blatt Papier und schreibt als Überschrift: „Wofür ich dankbar bin." Dann zählt alles auf, was euch dazu einfällt. Ihr habt dazu zehn Minuten Zeit...

Jetzt überlegt bitte, wieweit ihr innerlich bereit seid, Gott für einige dieser Punkte in einem Gebet zu danken. Wofür möchtet ihr Gott danken?...

Nehmt euch ein zweites Blatt Papier und schreibt als Überschrift: „Wofür ich Gott danke." Diesmal schreibt bitte in der Form eines Gebets, das mit der Anrede Gottes beginnt. Ihr habt dafür wieder zehn Minuten Zeit...

Nun setzt euch in Vierergruppen zusammen und tauscht euch aus. Bedenkt dabei folgende Fragen: (Schreiben Sie diese Fragen für alle sichtbar auf.)

◆ Wie und wann zeige ich Gott, daß ich ihm dankbar bin?

◆ Gibt es Dinge, über die ich glücklich bin und von denen ich meine, daß ich sie Gott nicht verdanke?

Ihr habt 15 Minuten Zeit, um euch zu unterhalten...

Kommt bitte wieder zurück in den großen Kreis, damit wir die Übung gemeinsam auswerten können...

Auswertung:

– Wie hat mir diese Übung gefallen?
– Bin ich bereit, mein Dankgebet in der Gruppe vorzulesen?
– Bin ich im Alltag eher dankbar oder eher unzufrieden?
– Bin ich einem Gruppenmitglied hier für irgend etwas dankbar?

– Was möchte ich sonst noch sagen?

Hinweise: Die Übung führt in der Gruppe meistens zu einer positiven Stimmung. Sie betont die Verbindung der Teilnehmer untereinander.

Variation 1: Nachdem die Teilnehmer den Katalog zusammengestellt haben, berichtet einer nach dem anderen im Plenum und kommentiert kurz seine Notizen. Bei kleinen Gruppen ist dies eine gute Möglichkeit.

Variation 2: Nachdem die Teilnehmer den Katalog erstellt haben, wählt jeder Teilnehmer einen Punkt aus, der ihn im Moment besonders anspricht, und malt ihn mit Ölkreide (ca. 15 Min.). Anschließend zeigt er sein Bild im Plenum. Die anderen teilen ganz kurz ihre ersten Eindrücke mit. Dann erklärt der Maler selbst sein Bild. Dieses Vorgehen eignet sich besonders für Teilnehmer, die wenig geübt sind, sich schriftlich auszudrücken.

Übung: Unerwarteter Gewinn

Bittet, so wird euch gegeben;
suchet, so werdet ihr finden;
klopfet an, so wird euch aufgetan.
(Matthäus 7, 7)

Ziele: In der Begegnung mit dem Text von Matthäus 7, 7 werden die Teilnehmer angeregt, sich mit ihren Wünschen, die sie an Gott haben, auseinanderzusetzen. Sie sollen Verständnis dafür entwickeln, daß auch frustrierte Wünsche positive Aspekte eröffnen können.

Material: Papier und Bleistift und ein Plakat mit dem Text von Matthäus 7, 7, das Sie bitte für alle sichtbar aufhängen.

Anleitung: Ich möchte, daß wir uns heute mit einem kurzen Text aus dem Neuen Testament beschäftigen. Ich habe ihn für euch auf das Plakat geschrieben. Wir neigen dazu, diesen Text mißzuverstehen und zu hören: „Wenn ich bitte, bekomme ich das, was ich haben möchte." Das ist die Ansicht eines verwöhnten Kindes.

Ich höre den Text anders, und zwar so: „Wenn ich bitte, bekomme ich unter Umständen nicht genau das, was ich haben wollte. Ich bekomme etwas anderes, mit dem ich nicht gerechnet habe und dessen Wert für mich ich erst allmählich und bei genauem Hinsehen erkenne."

Der Text ermutigt uns zu folgendem: Ich mache mir meine Wünsche klar, ich äußere sie, ich rechne auch mit einem Nein. In jedem Fall versuche ich zu überprüfen, welche Nachteile und welche Vorteile mir eine von meinen ursprünglichen Vorstellungen abweichende Antwort bringt.

Überlegt nun bitte, wann ihr in eurem Leben etwas erfahren habt, das zu diesem Verständnis des Textes auf dem Plakat paßt. Wann habt ihr euch einmal etwas Bestimmtes gewünscht und etwas anderes bekommen, das trotzdem für euch wertvoll war?…

Es könnte zum Beispiel sein, daß jemand sich sehr wünscht, doch die Versetzung in die nächste Klasse zu schaffen. Aber er bleibt sitzen. Vielleicht bemerkt er erst nach einiger Zeit, daß auch das Sitzenbleiben ein paar Vorteile hat; er findet vielleicht einen guten Freund in der neuen Klasse, er entdeckt vielleicht, daß sein Vater gerade jetzt besonders liebevoll zu ihm hält, und kann in der neuen Klasse deshalb mehr Selbstbewußtsein entwickeln als früher.

Habt ihr verstanden, was ich meine?...

Dann denkt bitte jetzt an ein solches Ereignis aus eurem Leben und schreibt es auf. Sucht euch zum Schreiben einen ruhigen Platz. Wer sich an keine solche Begebenheit erinnert, kann sich eine ausdenken. Ihr habt für eure Aufgabe 15 Minuten Zeit...

Wer möchte uns sein Erlebnis vorlesen?...

(Besprechen Sie jede Geschichte kurz und stellen Sie sicher, daß die Teilnehmer klar erkennen, ob sie zum Typ des erfüllten Wunsches gehört oder zum Typ des frustrierten Wunsches mit überraschendem Gewinn. Es ist nicht notwendig, daß jeder seine Geschichte vorliest. Brechen Sie so rechtzeitig ab, daß Sie noch genügend Zeit für die abschließende Auswertung haben.)

Auswertung:
- Wie hat mir diese Übung gefallen?
- Was war am wichtigsten für mich?
- Wie werde ich mit Enttäuschungen fertig?
- Wie reagieren meine Familienmitglieder auf Enttäuschungen?
- Wie klar werden bei mir zu Hause Bitten geäußert?
- Denke ich manchmal über wichtige Ereignisse in meinem Leben nach?
- Spreche ich mit anderen darüber?
- Was möchte ich sonst noch sagen?

Hinweise: Die Übung stellt größere Anforderungen an die Fähigkeit der Teilnehmer, sich selbst distanziert zu betrachten, und eignet sich deshalb wohl eher für ältere Jugendliche und für Erwachsene.

Suchen Sie aus Ihrer eigenen Lebensgeschichte ein Beispiel heraus, anhand dessen Sie den Teilnehmern in der Einführung verdeutlichen können, worum es geht.

THEOLOGISCHE AKZENTE

Es muß im Leben mehr als alles geben.

Das Vaterunser als Lehre

„Herr, lehre uns beten" (Lukas 11, 1), bitten die Jünger Jesu. Sie sagen damit zweierlei: „Wir wissen nicht, was wir beten sollen" und: „Wir wollen beten lernen." Die Jünger stehen hier stellvertretend für die christliche Gemeinde. Sie „besitzt" kein Gebet, das ihr die Verbindung mit Gott garantiert. Sie möchte lernen, den Kontakt zu Gott möglichst intensiv und aufrichtig zu gestalten.

Auch das Vaterunser kann gelernt werden; nicht nur im formalen Sprechen, sondern vor allem in dem, was es inhaltlich für uns bedeuten kann. Was es für uns bedeutet, wie wir uns das Vaterunser persönlich aneignen können, kann ein Stück weit entdeckt werden, wenn wir die einzelnen Bitten einmal in einer ungewohnten Reihenfolge sehen. Dies kann zeigen, welche Teile verstanden, welche weniger verstanden oder abgewehrt werden. So wird wahrscheinlich in unserer Zeit die Bitte um die Namensheiligung weniger verstanden als die Bitte um das tägliche Brot.

Wo es um das Vaterunser als Lehre geht, ist es wichtig, das jeweilige Vorverständnis zu erheben. Nur so kann das bestehende Verständnis erweitert und bereichert werden.

Das Vaterunser als Ritus

Das Vaterunser spricht vom Hier und Jetzt. Es spricht auch von der Zukunft, aber so, daß die Gegenwart deutlich und lebendig wird. Es benennt menschliche Grundanliegen in einer einfachen Gebetsform. Es bleibt beim Heute und bei dieser alten Erde.

Das Vaterunser ist **das** Gebet der Christenheit schlechthin. Es kommt in jeder gottesdienstlichen Handlung vor. Manche Gottesdienste – zum Beispiel bestimmte Begräbnisse – reduzieren sich fast auf das Vaterunser. Dies ist seine Stärke und auch seine Schwäche. Jeder kann sich und seine Anliegen darin wiederfinden, aber es gerät auch in Gefahr, unverbindlich und formelhaft zu werden. Es kann ein leerstehendes Monument sein, und es kann ein Haus werden, in dem wir uns wohnlich einrichten (Johannes 14, 2).

Das Vaterunser als Ganzheit

Die Beschäftigung mit dem Vaterunser läßt uns immer wieder Neues entdecken. Schon die früheste Christenheit überliefert es in zwei verschiedenen Fassungen.

Die christlichen Konfessionen verwenden die Schlußdoxologie unterschiedlich („denn dein ist das Reich und die Kraft und die Herrlichkeit"). Und jedesmal wird das Vaterunser dabei als vollständig angesehen.

Es ist anregend, einmal der Gliederung und dem Aufbau der Bitten nachzugehen: Anrede – Macht – Wille / Brot – Schuld – Erlösung. Es ist spannend zu sehen, wie die Bitten ineinander übergehen und sich zu einem Bogen fügen.

Und doch gibt es auch Zeilen, die „überstehen"; sie stehen scheinbar wie Unebenheiten dazwischen: „Wie im Himmel, so auf Erden" und: „Wie auch wir vergeben unseren Schuldigern." Doch wie klingt es, wenn das „Überstehende" nicht zu hören ist? In zunehmendem Maße kann durch diese beiden Zeilen die Ganzheit Gottes und die des Menschen in den Blick kommen.

Es ist anregend, die inhaltliche Einheit zu entdecken und dann beim Kirchenvater Tertullian (um 200 n. Chr.) zu lesen, daß das Vaterunser für ihn die „Kurzform des Evangeliums" ist.

Es ist spannend, ständig neue Möglichkeiten und noch nicht Verstandenes im Vaterunser zu erkennen. Manchmal denke ich, das Vaterunser ist so etwas wie ein Samenkorn. Es wird in sich geschlossen und damit gut geschützt ausgestreut. Es braucht Boden und Wärme und Feuchtigkeit, damit es aufgehen und gedeihen kann.

ZUR EINSTIMMUNG DES LEITERS

Schreiben Sie die einzelnen Teile des Vaterunsers auf, und zwar so, daß jeder Teil mit einer neuen Zeile beginnt:

....

....

....

....

....

....

....

....

....

....

....

....

Denken Sie jetzt an Menschen, die Ihnen etwas bedeuten...
Sie können jeden Bestandteil des Vaterunsers in Ihrer Phantasie an einen dieser Menschen verschenken...
Wem schenken Sie welchen Teil?...
Schreiben Sie die Namen der Empfänger hinter die einzelnen Zeilen. Wenn Sie sich selbst auch einen Teil schenken möchten, dann tragen Sie auch Ihren Namen an der entsprechenden Stelle ein...
Gibt es irgendeinen Menschen, mit dem Sie über diese Verteilung sprechen möchten?...

Übung: Vaterunser für ein kleines Kind

Ziele: Die Teilnehmer haben Gelegenheit, ihr Vorverständnis vom Vaterunser abzuklären. Dazu müssen sie sich mit dem ganzen Text dieses Gebets beschäftigen. Es wird deutlich, was sie bereits verstehen und was sie noch nicht verstehen.
Die vorgesehene Gruppenarbeit vertieft den Zusammenhalt in der Gruppe.

Material: Für jeden Teilnehmer eine Kopie des Vaterunsers; für jede Kleingruppe Plakatpapier und dicke Filzschreiber.

Anleitung: Ich möchte mit euch über das Vaterunser als Ganzes sprechen. Die meisten von euch werden dieses Gebet kennen. Sicherheitshalber habe ich den Text vervielfältigt, so daß jeder von euch ein Exemplar bekommen kann.
Ihr sollt heute Gelegenheit haben, in einer kleinen Gruppe darüber zu sprechen, wie ihr den Text insgesamt versteht. Später können wir dann die einzelnen Bestandteile genauer untersuchen. Bildet zunächst einmal kleine Gruppen mit jeweils vier Teilnehmern…
Eure Aufgabe ist es nun, den Text des Vaterunsers so zu verändern, daß daraus ein Gebet wird, das auch ein kleines Kind von vielleicht sechs Jahren verstehen und beten kann. Dabei kann das Gebet länger oder kürzer werden – ganz nach eurer Entscheidung. Wichtig ist, daß ihr nur solche Sätze aufschreibt, die auch für ein kleines Kind verständlich sind. Habt ihr verstanden, was ich meine?…
Sprecht in eurer kleinen Gruppe ausführlich miteinander über die einzelnen Punkte und einigt euch auf einen Text, dem ihr alle zustimmen könnt. Ihr habt für diese Aufgabe eine halbe Stunde Zeit…
(Gehen Sie bei jugendlichen Teilnehmern von Gruppe zu Gruppe und geben Sie vorsichtige Anregungen, ohne den Teilnehmern jedoch die Arbeit und die Verantwortung abzunehmen.)
Nun möchte ich, daß jede Gruppe kurz von ihrer Arbeit berichtet und uns ihren neuen Text vorstellt. Welche Gruppe möchte beginnen?…

Auswertung:
- Wie hat mir diese Übung gefallen?
- Was war leicht, was war schwer für mich?
- Wie leicht fiel es mir, mich in die Gedanken eines sechsjährigen Kindes zu versetzen?
- Welche Teile des Gebets sind von uns am stärksten verändert worden?

– Wie haben wir das neue Gebet aufgebaut?
– Welcher Text gefällt mir besser: der biblische oder der neue?
– Wie gut konnten wir uns in der kleinen Gruppe einigen?
– Was möchte ich sonst noch sagen?

Hinweise: Wenn genügend Zeit zur Verfügung steht, ist es eine reizvolle Erweiterung der Aufgabe, wenn die neuen Texte von den Teilnehmern zusätzlich mit Wachskreiden illustriert werden. Die Plakate können dann als Dekoration im Gruppenraum für die Dauer des Kurses hängen. Eine andere Möglichkeit besteht darin, daß einzelne Teilnehmer die Plakate für ein jüngeres Geschwisterkind mit nach Hause nehmen und später von der Reaktion dieses Kindes in der Gruppe berichten.

Übung: Eine neue Reihenfolge

Ziele: Die Teilnehmer können sich bewußtmachen, welche Bestandteile des Vaterunsers für sie persönlich besonders wichtig sind und welche weniger wichtig. Dazu müssen sie die oft mechanisch gesprochene, überlieferte Form auflösen, die Einzelteile neu betrachten und beurteilen, um schließlich zu einer neuen, persönlich geprägten Form zu gelangen.

Material: Für jeden Teilnehmer neun Kärtchen, Papier und Bleistift und die Kopie des Vaterunsers.

Anleitung: Ihr kennt das Vaterunser in einer Form, die bald zweitausend Jahre alt ist. Heute habt ihr Gelegenheit, diese Form zu verändern, und zwar dadurch, daß ihr die einzelnen Bestandteile neu ordnet. Schreibt zunächst jeden der neun Bestandteile auf ein Kärtchen...
(Warten Sie, bis alle Teilnehmer damit fertig sind.)
Überlegt euch, welches Kärtchen für euch am wichtigsten ist. Das soll nachher den Anfang eures persönlichen Vaterunsers bilden. Sucht dann das für euch zweitwichtigste Kärtchen aus, das an zweiter Stelle eures neuen Vaterunsers stehen soll usw. Habt ihr verstanden, was ich meine?...
Bringt jetzt die Kärtchen in die für euch passende Reihenfolge. Macht euch dabei bewußt, was euch zu eurer Entscheidung bringt. Ihr habt für eure Arbeit zehn Minuten Zeit...
Jetzt schreibt die Bestandteile des Vaterunsers in eurer Reihenfolge auf ein Blatt Papier...
Kommt nun in Vierergruppen zusammen und sprecht miteinander über eure persönlichen Fassungen des Vaterunsers. Macht den anderen auch klar, aus welchen Gründen ihr die einzelnen Bestandteile an ihren neuen Platz gestellt habt. Ihr habt 15 Minuten Zeit für euer Gespräch...
(Leiten Sie anschließend das gemeinsame Auswertungsgespräch ein.)

Auswertung:
- Wie hat mir diese Übung gefallen?
- Was steht in meinem Vaterunser an erster, was an letzter Stelle?
- Welche Bestandteile des Vaterunsers sind für mich leicht, welche schwer verständlich?
- Was habe ich über die Mitglieder meiner kleinen Gruppe erfahren?
- Was möchte ich sonst noch sagen?

Variation: Jeder schreibt die neun Kärtchen und sucht das für ihn wichtigste heraus. Dann malt er mit Ölkreiden ein Bild, das seine Gedanken und Empfindungen zu diesem Bestandteil des Vaterunsers ausdrückt (10 Min.). Danach kommen die Teilnehmer zur Zwischenauswertung in einer kleinen Gruppe mit denjenigen zusammen, die dasselbe Kärtchen ausgewählt haben. Die Teilnehmer, die als einzige ein bestimmtes Kärtchen wählten, bilden ihrerseits eine Kleingruppe. (Gespräch ca. 20 Min.)

Übung: Telepathische Verbindung

Ziele: Die Teilnehmer können sich hier bewußt werden, welchen Stellenwert das Vaterunser für sie im menschlichen Leben einnimmt. Mit Hilfe einer Phantasieübung wird deutlich, welche Daseinsprobleme sie beschäftigen.

Anleitung: Ich möchte euch zu einer Phantasieübung zum Vaterunser einladen. Setzt euch bequem hin und schließt die Augen... Atmet ein wenig tiefer als gewöhnlich... (20 Sek.)
Spannt jetzt alle Muskeln eures Körpers so stark an wie möglich... und laßt los... (10 Sek.)
Wiederholt das; spannt alle Muskeln so kräftig an, wie ihr könnt... und laßt wieder los... (10 Sek.)
Nun spannt alle Muskeln eures Körpers ein letztes Mal mit aller Kraft an... und laßt wieder los... (10 Sek.)
Atmet jetzt zehnmal tief ein und aus. Zählt jedes Mal, wenn ihr einatmet... (ca. 90 Sek.)
Stellt euch vor, daß in diesem Augenblick irgendein Mensch auf der Welt das Vaterunser spricht. Durch eine wunderbare Gabe könnt ihr diesen Menschen vor euch sehen und ihn hören... Wer ist dieser Mensch? In welcher Umgebung ist er? Was passiert dort? Wie ist seine Situation? Was veranlaßt ihn, das Vaterunser zu sprechen? Wie geht es ihm dabei?... Laßt die Bilder sich vor eurem geistigen Auge entwickeln und schaut ruhig zu, was geschieht... (90 Sek.)
Ich möchte, daß ihr dem Menschen nun Auf Wiedersehen sagt und langsam mit eurem Bewußtsein zur Gruppe zurückkommt... Öffnet dann in eurem eigenen Rhythmus die Augen und schaut euch in der Gruppe um... (30 Sek.)
Wer von euch möchte berichten, was er gesehen, wen er gesehen hat, in welcher Situation der Betreffende war und wie er gebetet hat?...
(Leiten Sie dann die abschließende Auswertung ein.)

Auswertung:
– Wie hat mir diese Übung gefallen?
– Wie deutlich konnte ich den Menschen in der Phantasie sehen?
– In welchen Punkten sehe ich eine Ähnlichkeit zwischen mir und dem Menschen aus meiner Phantasie?

- In welchen Situationen habe ich bisher das Vaterunser gebetet? Was war die ungewöhnlichste Situation?
- Welche unterschiedlichen Situationen sind bei den verschiedenen Teilnehmern aufgetaucht?
- Gibt es Situationen, die häufiger genannt wurden?
- Was möchte ich sonst noch sagen?

Hinweise: Ein wichtiger Auswertungsgesichtspunkt ist die Frage: Verknüpfen die Teilnehmer das Beten des Vaterunsers ausschließlich oder überwiegend mit dem sakralen Raum der Kirche?
In diesem Fall ist die Überlegung sinnvoll, was zu tun ist, damit das Vaterunser auch im säkularen Raum mehr Bedeutung gewinnt.

KAPITEL 4
VATER UNSER
IM HIMMEL

THEOLOGISCHE AKZENTE

Du hast in dir den Himmel und die Erde.
(Hildegard)

Wenn Gott hier als Vater angesprochen wird, so kommt darin eine Fülle von Aspekten zum Ausdruck:

Der Mensch kann sich nicht selbst schaffen und bleibt darauf angewiesen, daß ihm das, was sein Leben erhält, gegeben wird.

Ein Vater wird erst durch sein Kind zum Vater. Diese Beziehung kann zwar vielfältig geformt, verändert, beschädigt, angenommen, abgelehnt, aber nie aufgehoben werden. Keiner kann sich seinen Vater aussuchen oder sagen: „Du sollst nicht mehr mein Vater sein." Auch dort, wo einer seinen Vater nicht anerkennen will, bleibt der Vater der Vater. Auch dort, wo er längst gestorben oder „vergessen" ist, oder wo einer seinen Vater nie gekannt hat, lebt doch ein „Bild vom Vater" in ihm.

Das Bild, das jemand von seinem leiblichen Vater hat und das er sich erträumt, wird gleichsam zur „Brille", durch die er den himmlischen Vater sieht. Deshalb wird es für einen Menschen, dessen Vaterbild verwirrt und unklar ist, mühevoll und auch langwierig sein, durch den eigenen erlebten oder erträumten Vater hindurch einen lebendigen Gott-Vater zu erkennen.

Wenn Gott als der Vater angesprochen wird, so schließt dies mit ein, daß er nicht nur der Allmächtige und Große, sondern auch der Ohnmächtige und Leidende ist. Dies gilt für das Neue Testament noch mehr als für das Alte Testament. Wo ich Gott nur als den Großen erkenne, mache ich mich selbst schwach und klein, halte ich mich selbst für unmündig.

So wie ich im Laufe meines Lebens unterschiedliche Erfahrungen mit meinem leiblichen Vater mache – von Abhängigkeit und Idealisierung über Loslösung und neue Begegnung zur Verantwortung für meinen Vater – so kann ich auch unterschiedliche Erfahrungen mit Gott machen. Auch hier reicht die Spannweite von totaler Abhängigkeit bis zur Verheißung der Vollkommenheit (Matthäus 5, 48).

Gott erweist sich darin als Vater, daß er uns die Mündigkeit zuspricht. Damit ist ausgesagt:

◆ Das Gute und Richtige können wir selbst erkennen.

◆ Wir können aus unseren eigenen Möglichkeiten füreinander sorgen.

◆ Die Mündigkeit beginnt damit, daß wir die Regeln und Normen, nach denen wir leben, überprüfen und gegebenenfalls verändern.

Durch Jesus erklärt Gott den Menschen als mündig. Mündig werden wir dadurch, daß uns Gott Wert und Bedeutung zuspricht. Wir sind nicht mehr in der Situation von Kindern, die auf ihre Mündigkeit warten müssen. Wir können die Mündigkeit annehmen oder zurückweisen. Wir können in dieser Mündigkeit bleiben und auch andere als Mündige oder mündig Werdende behandeln.

„Unser Vater im Himmel" meint darüber hinaus eine polare Existenz. Er ist zugleich der offenbare und der verhüllte, der allmächtige und der leidende Gott. Er ist der ganz „nahe" und doch auch der ganz „andere", der Fremde.

Die knappe Anrede „Vater" ermöglicht eine große Breite an Deutungen. Sie knüpft beim Vertrauten und Natürlichen an und umspannt doch das Nicht-Verfügbare, das Transzendente. Durch das „im Himmel" wird die Polarität und Offenheit noch verstärkt.

Wenn Jesus Gott als „Vater im Himmel" anspricht, knüpft er an eine aus dem Alten Testament kommende Tradition an. Er präzisiert diesen Begriff durch die Art und Weise, wie er ihn benutzt und wie er ihn – vor allem in seinen Gleichnissen – entfaltet.

ZUR EINSTIMMUNG DES LEITERS

Legen Sie eine Photographie Ihres Vaters vor sich auf den Tisch. Wenn Sie keine zur Hand haben, stellen Sie sich mit geschlossenen Augen den Vater vor. Wenn Sie Ihren Vater nicht gekannt haben, stellen Sie sich ebenfalls mit geschlossenen Augen das Phantasiebild vor, das Sie von Ihrem Vater haben...

Betrachten Sie dieses Bild ungefähr drei Minuten lang möglichst aufmerksam und in aller Ruhe...

Überlegen Sie dann:

Auf welche Worte des Vaters haben Sie als Kind gewartet und sie nie gehört?...

Welchen Satz hätte der Vater zu Ihnen sagen sollen?...

Lassen Sie sich Zeit, diesen Satz herauszufinden...

Notieren Sie nun diesen Satz:

....

....

....

....

....

....

Jetzt denken Sie bitte an Ihre Gruppe und prüfen Sie, welches Gruppenmitglied gerade diesen Satz wohl von Ihnen hören möchte...

Was könnte es für diesen Teilnehmer bedeuten, wenn Sie ihm diese Worte sagen würden?...

Übung: Brief an den Vater

Ziele: Das Vaterbild, das wir von Gott haben, wird zu einem wesentlichen Teil durch unser irdisches Vaterbild geprägt. Je bewußter wir unsere Beziehung zum leiblichen Vater erleben, desto besser sind wir in der Lage, unsere Beziehung zu Gott differenziert und lebendig zu gestalten. Die Teilnehmer können versuchen, selten oder noch nie gesagte Dinge dem Vater gegenüber anzusprechen und auf diese Weise stärkeren gefühlsmäßigen Kontakt zu dem Vaterbild in sich herzustellen.

Material: Papier und Bleistift.

Anleitung: Wir reden Gott oft als unseren Vater an. Für viele Menschen ist es leichter, mit Gott in Beziehung zu treten, wenn sie die Beziehung zum eigenen Vater klarer sehen. In dieser Übung könnt ihr euch auf euren leiblichen Vater konzentrieren, und zwar auf folgende Weise:
Stellt euch vor, daß der Vater von einer langen Reise nicht zurückgekehrt ist, weil er in einem fremden Land festgehalten wird. Ihr habt Nachricht bekommen, daß er in den nächsten zwei Jahren nicht nach Hause zurückkommen kann und daß ihr während dieser Zeit nur ein einziges Mal Gelegenheit habt, ihm einen Brief zu schreiben. Was wollt ihr eurem Vater schreiben?... Ihr könnt nachher selbst entscheiden, was ihr mit eurem Brief machen wollt, ob ihr mit jemandem aus der Gruppe darüber sprechen wollt oder nicht.
Nehmt euch Papier und Bleistift und schreibt euren Brief. Ihr habt 15 Minuten Zeit dafür... Bringt jetzt bitte euren Brief zum Abschluß...
Wählt euch einen Partner aus, mit dem ihr über euren Brief sprechen wollt. Wenn ihr genügend Vertrauen zu dem Partner habt, könnt ihr ihm auch euren Brief vorlesen.
Behaltet bei eurem Gespräch folgende Fragen vor Augen:
(Notieren Sie diese für alle sichtbar.)

◆ Habe ich meinem Vater etwas geschrieben, was ich ihm noch nie gesagt habe?

◆ Wie würde mein Vater auf den Brief reagieren, wenn er ihn lesen könnte?

Ihr habt für euer Gespräch 15 Minuten Zeit...
Kommt jetzt wieder im großen Kreis zusammen, damit wir die Übung gemeinsam auswerten können...

Auswertung:
– Wie hat mir diese Übung gefallen?
– Was war am wichtigsten für mich?
– Will ich meinem Vater diesen Brief zeigen? Wie offen spreche ich mit meinem Vater?
– Wie nahe steht mir mein Vater?
– In welcher Hinsicht sehe ich Gott und meinen Vater ähnlich? Auf welche Weise unterscheiden sich beide?
– Was möchte ich sonst noch sagen?

Variation: Die Teilnehmer können – sofern sie das wollen – ihre Briefe an die Väter mit der Post senden. Halten Sie dafür Umschläge und Briefmarken bereit.

(Für Erwachsene:) Im Zusammenhang mit dem Text von Lukas 15, 11–32 können Sie wie folgt vorgehen: Erzählen Sie die Geschichte und lassen Sie die Teilnehmer aus der Sicht einer der beiden Söhne einen Brief an den Vater aus dem Gleichnis schreiben. Die Teilnehmer sollen dabei selbst die Situation erfinden, in der sie schreiben. Auswertung in kleinen Gruppen, in deren Verlauf einige Teilnehmer die Briefe aus der Sicht des Vaters beantworten können.

Übung: Dank an Vater oder Mutter

Ziele: Die Teilnehmer können sich in dieser Übung klarmachen, wofür sie ihrem Vater oder ihrer Mutter dankbar sind. Denn wenn wir erwachsen werden wollen – und das ist ein lebenslanger Prozeß –, heißt das, daß wir nicht nur Forderungen an die Eltern stellen oder über unerfüllte Wünsche klagen dürfen. Wir müssen vielmehr lernen, das anzuerkennen, was wir den Eltern verdanken, und sei das für manche auch noch so wenig. Denn wir verhalten uns widersprüchlich, wenn wir an den eigenen Eltern herumnörgeln und den Vater im Himmel zu lieben vorgeben.

Material: Papier und Bleistift, Filzschreiber und Plakatkarton.

Anleitung: Ich möchte euch einladen, heute einmal eure Beziehung zum Vater oder zur Mutter näher zu beleuchten.

Wenn wir mit dem „Vater im Himmel" reden wollen, fällt uns das leichter, wenn wir uns mit dem Vater oder der Mutter auf Erden verständigen können. Oft blockieren Enttäuschungen und unerfüllte Hoffnungen den Weg zur Verständigung mit den Eltern. Wir können diese Schranken etwas öffnen, wenn wir uns darauf konzentrieren, was uns die Eltern – bei aller berechtigten Kritik – doch gegeben haben und wofür wir ihnen dankbar sein können.

Nehmt euch ein Blatt Papier und notiert die sechs wichtigsten Punkte, wofür ihr entweder dem Vater oder der Mutter oder beiden dankbar seid. Schreibt möglichst konkret auf, wofür ihr ihnen danken möchtet. Ihr könnt zum Beispiel schreiben: „Ich bin meinem Vater dankbar, daß er mich auf das Gymnasium geschickt hat. Ich bin meiner Mutter dankbar, daß sie mir früher oft etwas vorgelesen hat." usw.

Ihr habt zehn Minuten Zeit für diese Aufgabe…

Jetzt sucht euch einen Partner aus der Gruppe, mit dem ihr über eure Notizen sprechen wollt…

Ihr habt zehn Minuten Zeit für euer Gespräch.

Verabschiedet euch von eurem Partner und sucht euch einen ruhigen Platz…

Schaut eure sechs Punkte an und streicht drei von ihnen aus, so daß diejenigen stehenbleiben, die euch am wichtigsten sind… Ihr habt fünf Minuten Zeit, um euch zu entscheiden…

Sucht nun einen neuen Partner, mit dem ihr sprechen wollt…

Ihr habt wieder zehn Minuten Zeit für euer Gespräch…

Verabschiedet euch von eurem Partner und sucht euch einen ruhigen Platz...

Schaut eure drei Punkte an und streicht zwei von ihnen aus, so daß derjenige stehenbleibt, der euch am allerwichtigsten ist... Ihr habt fünf Minuten Zeit, um euch zu entscheiden...

Nun kommt in Vierergruppen zusammen mit den Teilnehmern, mit denen ihr euch austauschen wollt...

Haltet euch bei dem Gespräch folgende Fragen vor Augen:
(Notieren Sie diese für alle sichtbar.)

◆ Wie habe ich herausgefunden, daß ich für diesen Punkt besonders dankbar bin?

◆ Habe ich meinen Eltern diesen Dank schon einmal ausgedrückt?

Ihr habt zehn Minuten Zeit für dieses Gespräch...

Jetzt möchte ich, daß jeder von euch nacheinander auf diesem Plakatkarton notiert, wofür er seinen Eltern am dankbarsten ist. Schreibt euren Namen in Klammern dahinter...

Schaut euch jetzt an, wofür die Gruppe den Eltern am dankbarsten ist...

Auswertung:
- Wie hat mir diese Übung gefallen?
- Was war am wichtigsten für mich?
- Zeige ich den Eltern meine Dankbarkeit?
- Ist mir etwas Neues über meine Beziehung zu den Eltern bewußt geworden?
- Wofür bin ich Gott dankbar?
- Wie zeige ich Gott meine Dankbarkeit?
- Was möchte ich sonst noch sagen?

Variation: Übernehmen Sie die Struktur dieser Übung mit dem Reduktionsverfahren für das Thema: „Was ich mir von Vater oder Mutter wünsche" oder „Was ich mir von Gott wünsche."

Übung: Himmel und Erde

Ziele: Der Himmel gehört für die meisten Menschen zu den besonders gefühlsbeladenen Vorstellungen, die behutsam und mit viel Intuition zu behandeln sind. Diese Übung hilft den Teilnehmern, sich ihrer persönlichen Vorstellungen vom Himmel bewußter zu werden.

Material: Papier und Ölkreiden.

Anleitung: Ich möchte, daß wir uns heute mit unseren Vorstellungen vom Himmel beschäftigen. Der Himmel hat seit alten Zeiten die Phantasie des Menschen angeregt, und wir haben gute und böse Ereignisse, Segen und Fluch von ihm erwartet. Ich denke, jeder von uns hat – bewußt oder unbewußt – bestimmte Erwartungen, wie der Himmel für ihn sein sollte. Andererseits können wir überhaupt nicht wissen, wie Gottes Himmel tatsächlich beschaffen ist. In dieser Situation können wir eins tun: Wir können uns unsere Ahnungen und Wünsche klarer machen und miteinander darüber sprechen.

Dazu macht bitte folgendes: Stellt euch vor, daß Gott euch erlaubt, später drei „Mitbringsel" von der Erde in den Himmel zu nehmen, damit ihr wenigstens zum Teil auch eure Vorstellungen vom Himmel verwirklichen könnt. Ihr dürft einen Menschen, ein Tier oder eine Pflanze und ein unbelebtes Ding auswählen. Was werdet ihr mitnehmen? Wofür entscheidet ihr euch?…

Malt bitte auf, was ihr mitnehmen wollt. Ihr habt zehn Minuten Zeit für diese Aufgabe…

Kommt jetzt in Vierergruppen zusammen… Stellt eure Bilder den anderen vor und erzählt, was ihr gemalt habt und was eure Mitbringsel für euch bedeuten. Ihr habt 15 Minuten Zeit für euer Gespräch… Nun kommt bitte wieder in den großen Kreis, damit wir die Übung gemeinsam auswerten können…

(Hängen Sie die Bilder als Fries an die Wand und lassen Sie jeden Teilnehmer kurz sagen, was er mitgenommen hat.)

Auswertung:
– Wie hat mir diese Übung gefallen?
– Was war am wichtigsten für mich?
– Wie leicht fiel es mir, mich für eine Person, ein Ding, ein Tier oder eine Pflanze zu entscheiden?
– Was kommt in dem Himmel dieser Gruppe besonders oft vor?

– Was fehlt in diesem Himmel?

– An welche biblischen Bilder erinnern mich unsere Mitbringsel?

– Was möchte ich sonst noch sagen?

Hinweise: Einige Teilnehmer können in einen starken Konflikt geraten, wenn sie sich zum Beispiel für nur einen Menschen entscheiden müssen. Sie können dieses Dilemma mildern, indem Sie darauf hinweisen, daß der Himmel nicht nur aus diesen „Mitbringseln" besteht.

Übung: Himmel auf Erden

Ziele: Hier können die Teilnehmer gemeinsam mit anderen ihre Vorstellung vom Himmel abklären und in die Tat umsetzen. Die Erfüllung wichtiger Grundbedürfnisse wird exemplarisch ermöglicht. Zugleich fördert die Übung den Zusammenhalt in der Gruppe.

Anleitung (am Ende der vorangehenden Sitzung): Ich möchte, daß wir einen Teil unserer Vorstellungen vom Himmel in einer Übung zum Ausdruck bringen. Dazu sollt ihr euch in drei kleinere Gruppen aufteilen, in denen Teilnehmer zusammenkommen, die gern miteinander arbeiten möchten. Bitte teilt euch jetzt in drei Gruppen auf…

Aufgabe jeder Gruppe ist es, für das nächste Treffen etwas vorzubereiten, womit sie sich selbst und allen anderen in der Gruppe für eine Viertelstunde den „Himmel auf Erden" bereiten können, sozusagen als ein Gleichnis vom Himmel.

Ihr müßt euch dafür zwischendurch verabreden, um eure Vorstellungen abzuklären, euch zu einigen und alle notwendigen Vorbereitungen zu treffen. Habt ihr verstanden, was ich meine?…

(Lassen Sie bei dem nächsten Treffen jede Gruppe nacheinander ihre vorbereitete Aktion durchführen. Stoppen Sie nach etwa 15 Minuten und gehen Sie dann zur Auswertung über.)

Auswertung:
- Wie hat mir diese Übung gefallen?
- Wie klappte die Vorbereitung in meiner Gruppe?
- Wieweit sind Konkurrenzgefühle in den kleinen Gruppen aufgetaucht?
- Welche „himmlische Aktion" hat mir am besten gefallen?
- Was ist von unseren Erwartungen eingetroffen, was nicht?
- Wieweit kann ich meinen Himmel planen?
- Wieweit muß ich mir den Himmel geben lassen? Was möchte ich sonst noch sagen?

Hinweise: Diese Übung muß am Ende des vorangehenden Treffens eingeleitet werden. Voraussetzung ist, daß die Teilnehmer genügend miteinander vertraut sind und die Mitwirkung an der Gruppe attraktiv finden.

Besondere Möglichkeiten bietet die Übung für Erwachsene, die hier einmal ihr Kind-Ich stärker berücksichtigen dürfen und wieder mehr Zugang zur eigenen Vitalität finden können.

Übung: Neugier und Treue

Ziele: Diese Übung betont einen sonst theologisch wenig berücksichtigten Aspekt des bekannten Gleichnisses von den verlorenen Söhnen (Lukas 15, 11–32). Die Vaterproblematik kann an der Polarität von Neugier und Treue deutlich gemacht werden.

Die sich ergänzenden inneren Haltungen von Treue und Neugier, wie sie im Verhalten der beiden Söhne deutlich werden, sind für den Reifungsprozeß eines jeden Menschen von besonderer Bedeutung. Dabei ist Treue, als Festhalten an wertvollen Bindungen, für jeden Menschen genauso wertvoll wie Neugier als Loslassen des bereits Vertrauten und Zuwendung zu dem anregend Neuen. Denn das Vertraute gibt mir zwar Sicherheit, gefährdet mich andererseits durch eine zu geringe Herausforderung. Das Neue kann meine Vitalität anregen, mich aber auch überfordern. Für jeden Menschen ist es daher wichtig, im Laufe seiner Persönlichkeitsentwicklung immer wieder neu die Balance zwischen Treue und Neugier zu finden.

Diese Polarität im Reifungsprozeß des einzelnen Menschen ist in Lukas 15 als Konflikt zwischen dem älteren und dem jüngeren Sohn gestaltet. Die Teilnehmer sollen in dieser Übung die Polarität von Treue und Neugier bedenken und sich fragen, in welchem Ausmaß sie selbst Treue und Neugier realisieren und wie beide Haltungen von ihrem Vater begünstigt bzw. erschwert werden.

Material: Formular „Treue und Neugier", sowie eine Kopie des Gleichnisses von den verlorenen Söhnen (Lukas 15, 11–32) für jeden Teilnehmer.

Anleitung: Ich möchte mit euch das Gleichnis von den verlorenen Söhnen lesen, das ihr wahrscheinlich schon kennt. Ihr werdet die Geschichte von einer neuen Seite kennenlernen. Achtet dazu vor allem auf das Thema von Treue und Neugier bzw. Sicherheit und Risiko.

(Schreiben Sie die Begriffe für alle sichtbar auf und lesen Sie dann das Gleichnis vor.)

Ich habe für jeden von euch ein Formular vorbereitet mit einer Reihe von kleinen Aufgaben. Lest das Formular zunächst durch… Gibt es etwas, was ihr nicht versteht?…

Ihr habt nun 15 Minuten Zeit, um die im Formular enthaltenen Fragen zu beantworten…

Nun kommt bitte in Vierergruppen zusammen, um eure Ansichten auszutauschen... Ihr habt wieder 15 Minuten Zeit für euer Gespräch...
(Leiten Sie dann zur Auswertung im großen Kreis über, indem Sie folgende kleine Übung vorschlagen:
Lassen Sie die Teilnehmer sich in zwei Gruppen sammeln, und zwar diejenigen in einer Gruppe, die überwiegend die Haltung der Treue in ihrem täglichen Leben betonen, und diejenigen in einer zweiten Gruppe, die in ihrem täglichen Leben eher die Haltung der Neugier betonen. Geben Sie den Gruppen ca. zehn Minuten zum Austausch.)

Auswertung:
– Wie hat mir diese Übung gefallen?
– Was war für mich am wichtigsten?
– Habe ich etwas Neues im Bibeltext entdeckt?
– Welche Haltung will ich in Zukunft für mich mehr betonen, Treue oder Neugier?
– Welche Haltung fördert mein Vater bei mir stärker, Treue oder Neugier?
– Wie beurteilt Jesus, der das Gleichnis erzählt, die Haltung von Treue und Neugier?
– Steht die Kirche der Haltung der Neugier eher offen oder kritisch gegenüber?
– Wen in dieser Gruppe halte ich für besonders treu? Wen halte ich für besonders neugierig?
– Bei wem finde ich gegenwärtig die Balance zwischen Treue und Neugier besonders geglückt?
– Was möchte ich sonst noch sagen?

Hinweise: Diese Übung eignet sich vor allem für ältere Jugendliche und für Erwachsene. Die hier angegebenen Zeiten werden für eine Gruppe von Erwachsenen nicht ausreichend sein.
Sie können sich bei der Arbeit auch auf den ersten Arbeitsbogen beschränken und dann intensiver auf die Auswertungsfragen eingehen, die die Gruppenmitglieder betreffen.

Das Gleichnis von den verlorenen Söhnen

(Lukas 15, 11–32)

Und er sprach: Ein Mensch hatte zwei Söhne. Und der jüngere unter ihnen sprach zu dem Vater: Gib mir, Vater, das Teil der Güter, das mir gehört. Und er teilte ihnen das Gut. Und nicht lange danach sammelte der jüngere Sohn alles zusammen und zog ferne über Land; und daselbst brachte er sein Gut um mit Prassen. Als er nun all das Seine verzehrt hatte, ward eine große Teuerung durch dasselbe ganze Land, und er fing an zu darben und ging hin und hängte sich an einen Bürger desselben Landes, der schickte ihn auf seinen Acker, die Säue zu hüten. Und er begehrte, seinen Bauch zu füttern mit Trebern, die die Säue aßen; und niemand gab sie ihm. Da schlug er in sich und sprach: Wieviel Tagelöhner hat mein Vater, die Brot in Fülle haben, und ich verderbe im Hunger! Ich will mich aufmachen und zu meinem Vater gehen und zu ihm sagen: Vater, ich habe gesündigt gegen den Himmel und vor dir. Ich bin hinfort nicht mehr wert, daß ich dein Sohn heiße; mache mich zu einem deiner Tagelöhner! Und er machte sich auf und kam zu seinem Vater. Da er aber noch ferne von dannen war, sah ihn sein Vater, und es jammerte ihn, er lief und fiel ihm um seinen Hals und küßte ihn. Der Sohn aber sprach zu ihm: Vater, ich habe gesündigt gegen den Himmel und vor dir; ich bin hinfort nicht mehr wert, daß ich dein Sohn heiße. Aber der Vater sprach zu seinen Knechten: Bringt schnell das beste Kleid hervor und tut es ihm an und gebet ihm einen Fingerreif an seine Hand und Schuhe an seine Füße, und bringt das Kalb, das wir gemästet haben, und schlachtet's; lasset uns essen und fröhlich sein! Denn dieser mein Sohn war tot und ist wieder lebendig geworden; er war verloren und ist gefunden worden. Und sie fingen an, fröhlich zu sein.

Aber der ältere Sohn war auf dem Felde. Und als er nahe zum Hause kam, hörte er das Singen und den Reigen und rief zu sich der Knechte einen und fragte, was das wäre. Der aber sagte ihm: Dein Bruder ist gekommen, und dein Vater hat das gemästete Kalb geschlachtet, weil er ihn gesund wieder hat. Da ward er zornig und wollte nicht hineingehen. Da ging sein Vater heraus und bat ihn. Er aber antwortete und sprach zum Vater: Siehe, so viel Jahre diene ich dir und habe dein Gebot noch nie übertreten; und du hast mir nie einen Bock gegeben, daß es mit meinen Freunden fröhlich wäre. Nun aber dieser dein Sohn gekommen ist, der dein Gut mit Dirnen verpraßt hat, hast du ihm das gemästete Kalb geschlachtet. Er aber sprach zu ihm: Mein Sohn, du bist allezeit bei mir, und alles, was mein ist, ist dein. Du solltest aber fröhlich und guten Mutes sein: denn dieser dein Bruder war tot und ist wieder lebendig geworden, er war verloren und ist wiedergefunden.

Treue und Neugier

Im Gleichnis von den verlorenen Söhnen zeigt Lukas zwei menschliche Haltungen. Die Haltung des älteren Sohnes soll hier mit „Treue" bezeichnet werden, die des jüngeren Sohnes mit „Neugier". Mit Treue ist Festhalten am gewohnten Lebensrahmen gemeint, Sicherheitsstreben, Zuverlässigkeit, stete Arbeit, Voraussagbarkeit des eigenen Verhaltens für andere. Mit Neugier ist Überschreiten des gewohnten Lebensrahmens gemeint, Suche nach neuen Erfahrungen, Risikobereitschaft, Streben nach Glück und Genuß, Durchbrechen der Erwartungen anderer usw.

In welchem Verhältnis steht beim ÄLTEREN SOHN Treue und Neugier? Teile an geeigneter Stelle das Rechteck mit einer waagerechten Linie so auf, daß deutlich wird, wieviel Treue und wieviel Neugier der ältere Sohn nach deiner Meinung in seinem Leben verwirklicht.

Welche Vorteile siehst du in seiner Lebenshaltung? ....

....

Welche Nachteile? ....

....

Mache jetzt beim zweiten Rechteck dasselbe. Teile es mit einer waagerechten Linie so auf, daß deutlich wird, wieviel Treue und wieviel Neugier der JÜNGERE SOHN nach deiner Meinung in seinem Leben verwirklicht.

Welche Vorteile siehst du in seiner Lebenshaltung?

....

Welche Nachteile? ....

....

Wie schätzt der VATER im Gleichnis Treue und Neugier? Teile das dritte Rechteck mit einer waagerechten Linie so auf, daß deutlich wird, wieviel Treue und wieviel Neugier der Vater nach deiner Meinung in seinem Leben verwirklicht.

Wenn der Vater aus dem Gleichnis heute leben würde:

....

Wie würde er seine Einschätzung von Treue und Neugier begründen? ....

....

Wie sind bei DIR SELBST Treue und Neugier ausgeprägt? Teile das vierte Rechteck mit einer waagerechten Linie so auf, daß deutlich wird, wieviel
Treue und wieviel Neugier du in deinem Leben ver-
wirklichst.
Welche Vorteile siehst du in deiner Lebenshaltung?

....

Welche Nachteile?..

....

Wie sind bei DEINEM VATER Treue und Neugier
ausgeprägt? Teile das fünfte Rechteck mit einer
waagerechten Linie so auf, daß deutlich wird, wieviel Treue und wieviel Neugier dein Vater in seinem
Leben verwirklicht.
Welche Vorteile siehst du in seiner Lebenshaltung?

....

Welche Nachteile?..

....

Auf welche Weise ermutigt(e) dein Vater dein Bedürfnis nach Neugier?

....

Auf welche Weise ermutigt(e) dein Vater dein Bedürfnis nach Treue?

....

Auf welche Weise ermutigt Gott dein Bedürfnis nach Neugier?

....

Auf welche Weise ermutigt Gott dein Bedürfnis nach Treue?

....

Möchtest du irgend etwas verändern in bezug auf Treue und Neugier in deinem
Leben?..

....

....

....

....

....

....

Datum .... Name..

THEOLOGISCHE AKZENTE

Ich bin, der ich bin.

Kürzlich erzählte mir eine Vikarin, sie habe geträumt, ihr Name sei aus ihr hinausgegangen. Ganz deutlich habe sie gesehen, wie ihr Name sie durch ihren Mund verlassen habe. Sie sei deswegen sehr verzweifelt gewesen.

Dieser Traum macht deutlich, wie sehr unsere Identität mit unserem Namen verbunden ist. Unser Name ist über unsere Generation hinaus in der Zeit unserer Väter verwurzelt. Wir tragen in ihm die Wünsche und Erwartungen unserer Eltern, nicht selten sogar unserer Voreltern, auch wenn wir davon nichts Genaues wissen. Wenn jemand meinen Namen ruft, wende ich mich ihm zu, um mehr von ihm zu hören. Mein Name macht mich ansprechbar. Und schließlich unterzeichne ich mit meinem Namen Urkunden und Schriftstücke. Ich zeichne „verantwortlich".

Identität, Ansprechbarkeit und Verantwortung sind die wesentlichen Elemente des Namens. Deshalb steht diese Bitte mit gutem Grund am Anfang des Gebets. Luther nennt sie die größte aller Bitten, weil sich alle anderen auf diese eine Bitte beziehen.

Es gibt viele Versuche, das Wort „heiligen" zu umschreiben: heilmachen, würdigen, respektieren, ernstnehmen, ganzmachen. All das sind Versuche, der Tendenz dieses Wortes nachzuspüren. Eine wichtige Komponente möchte ich hier betonen: „Einen Namen heiligen" bedeutet, die andere Person in ihrer Ganzheit zu sehen. „Einen Namen mißbrauchen" heißt, jemandem ein Etikett aufzukleben. Heiligen heißt, nicht nur die Sonnenseite, sondern auch die Schattenseite einer Person zu sehen und zu respektieren.

Was hier vom Menschen gesagt wird, gilt in ähnlicher Weise auch für Gott: „Den Namen Gottes heiligen" heißt, zu respektieren, daß er unverfügbar ist, daß er nicht so ist, wie ich ihn haben möchte. Treffend wird dies in der verhüllenden Offenbarung Exodus 3, 14 ausgesagt: „Ich bin, der ich bin." Mose, die Israeliten und wir erfahren nicht mehr, aber auch nicht weniger.

Schließlich bleibt noch die Frage, wieweit ich für den Namen Gottes verantwortlich bin. Hierzu sagt Luther (im Gefolge Cyprians), daß Gottes Name in sich selbst heilig sei, aber auch in uns geheiligt werden solle. Und dies geschehe gewiß nicht nur mit dem Munde, sondern mit allen

Gliedern des Leibes und der Seele.

Und wer fragt: „Wie macht man denn das: ‚heiligen'?", der fängt am besten bei dem an, was er an sich selbst nicht gelten lassen will. Er kann beginnen, seine Schattenseiten zu erkennen und zu akzeptieren. Das ist freilich ungewohnt, wohl auch unbequem, aber er wird auf den Weg zum „Ich bin, der ich bin" geführt.

ZUR EINSTIMMUNG DES LEITERS

Schreiben Sie mit der linken, der ungeübten Hand Ihre Vornamen auf:

....

....

Denken Sie nun zurück und stellen Sie sich in Ihrer Phantasie die Zeit vor Ihrer Geburt vor...

Welche Menschen waren bei der Auswahl Ihrer Vornamen direkt oder indirekt beteiligt?..

Wer war tonangebend? ....

Wer brachte den Rufnamen als erster ins Spiel?................................

Wer brachte die weiteren Namen ins Spiel?......................................

Welche Erwartungen an das kleine Kind verbanden sich mit diesen Namen? ....

Welche (ungelebten) Hoffnungen der Namensgeber verbanden sich mit den Namen? ....

Wieweit haben Sie die Erwartungen und Hoffnungen der vorangehenden Generation in Ihrem Leben erfüllt? ....

Welche Vorteile hatten Sie davon?....................................

....

Welchen Preis haben Sie dafür gezahlt? ....

....

Lassen Sie sich Zeit, das alles in Ruhe zu bedenken...

Welche Seiten Ihrer Person würden Sie gern stärker betonen?...............

....

....

Welcher Name würde dazu passen?................................

Übung: Das Bild meines Namens

Ziele: Der eigene Vorname ist für die meisten Menschen wichtiger Bestandteil ihrer Identität. Sehr oft ist die Einstellung zum eigenen Namen recht ambivalent, so daß die wenigsten sagen können: „Ich heiße…, und darauf bin ich stolz.“
Eine konstruktive Einstellung zum eigenen Namen setzt in der Regel voraus, daß ich wahrnehme, was ich an meinem Namen zum Beispiel liebenswert und was ich ärgerlich finde.
Diese Übung hilft den Teilnehmern, die innere Beziehung zum eigenen Namen zu klären.

Material: Papier und Ölkreiden.

Anleitung: Die erste Bitte des Vaterunsers lautet: „Geheiligt werde dein Name.“ Was heißt das?…
Wenn ich meinen Namen heilige, dann nehme ich ihn zunächst einmal ernst. Ich mache mir klar, was ich an ihm schätze und was mich an ihm stört. Ich versuche auch herauszufinden, inwiefern der Name zu meiner Person paßt.
Ihr habt nun Gelegenheit herauszufinden, was alles in eurem Namen steckt. Dazu möchte ich mit euch eine Phantasieübung machen.
Bitte setzt euch bequem hin und schließt die Augen. Haltet sie bitte geschlossen, bis ich euch auffordere, sie wieder zu öffnen…
Konzentriert euch auf euren Körper… Welche Empfindungen könnt ihr bemerken?… Wenn irgendein Teil eures Körpers sich verspannt anfühlt, versucht, eure Position zu verändern und es euch angenehmer zu machen…
Achtet jetzt auf euren Atem… Wie atmet ihr?… Versucht, etwas tiefer ein- und auszuatmen… Atmet jetzt zehnmal tief ein und aus. Zählt jedesmal, wenn ihr einatmet… (ca. 90 Sek.)
Stellt euch nun vor, daß ihr in einem großen leeren Saal sitzt. Ihr schaut auf eine große Kinoleinwand am Ende des Raumes, die zur Zeit noch dunkel ist. Auf ihr wird gleich euer Vorname zu lesen sein. Wartet ab und seht zu, wie die Leinwand jetzt langsam heller wird… Seht genau hin. Wie erscheint euer Name dort?… Er kann jede beliebige Form und Farbe haben… Wartet in Ruhe ab und betrachtet euren Namen und merkt euch alle Einzelheiten… (1 Min.)
Macht jetzt in der Phantasie ein Photo eures Namens, so daß ihr euch

hinterher besser an ihn erinnern könnt...

Ich werde euch gleich auffordern, die Augen zu öffnen und dann das Bild eures Namens zu malen, wie er euch auf der Leinwand erschienen ist. Ohne miteinander zu sprechen, könnt ihr euch dann Papier und Ölkreiden holen und in aller Ruhe euer Bild malen. Öffnet jetzt bitte die Augen und holt euch die Dinge zum Malen... Sucht euch einen Platz, wo ihr ungestört seid und malen könnt. Ihr habt für eure Arbeit zehn Minuten Zeit...

Kommt jetzt mit solchen Teilnehmern in Vierergruppen zusammen, deren Bilder möglichst unterschiedlich sind...

Laßt euch eine Minute Zeit und betrachtet euer Bild. Drückt das Bild einiges aus, was euch sonst von euch bekannt ist?... Was gefällt euch an dem Bild, was stört euch daran?... (1 Min.)

Tauscht euch jetzt darüber aus. Ihr habt 15 Minuten Zeit für euer Gespräch...

Kommt nun zum großen Kreis zurück, damit wir die Übung gemeinsam auswerten können...

Auswertung:
- Wie hat mir diese Übung gefallen?
- Wie groß bzw. wie klein habe ich meinen Namen gemalt?
- Finde ich mich sonst eher bedeutungsvoll oder eher nichtssagend?
- Sagt mein Bild noch mehr über mich?
- Paßt es zu irgendeinem Verhalten von mir?
- Wer hat ein ähnliches Bild gemalt wie ich?
- Wo sehe ich eine Übereinstimmung zwischen dem Bild eines Teilnehmers und seiner Person?
- Auf welche Weise kann ich meinen Namen mißbrauchen?
- Wie mißbrauchen andere meinen Namen?
- Wie kann ich meinen Namen heiligen?
- Wie heiligen andere meinen Namen?
- Wie kann ich den Namen Gottes heiligen? Wie mißbrauche ich den Namen Gottes?
- Was möchte ich sonst noch sagen?

Hinweise: Achten Sie darauf, daß die Bilder nicht übermäßig interpretiert, sondern vor allem beschrieben werden.

Für viele Menschen ist es ungewöhnlich, sich mit dem eigenen Namen zu beschäftigen. Um so überraschender können die Einsichten sein, die sich aus dieser Übung ergeben.

Übung: Was alles in meinem Namen steckt

Ziele: Hier können sich die Teilnehmer über verschiedene wichtige Aspekte ihres Namens klarwerden und mit Hilfe der Gruppe versuchen, mehr Achtung vor dem eigenen Vornamen und der eigenen Identität zu entwickeln.

Material: Papier und Bleistift.

Anleitung: „Einen Namen heiligen" heißt für mich, den anderen ernstzunehmen und zu achten. Ich mache mir dann bewußt, daß er ein lebendiger Mensch ist. Er hat unterschiedliche Gefühle und Gedanken und kann sich verändern. Er hat vor allem viel mehr Möglichkeiten in sich, als er selbst und andere vielleicht glauben.

Ich habe ein Formular für euch vorbereitet und bitte euch, die dort gestellten Fragen zu beantworten und die Satzanfänge zu ergänzen. Ihr habt für diese Aufgabe 15 Minuten Zeit…

Sucht euch jetzt einen Partner, mit dem ihr über eure Notizen sprechen wollt. Ihr habt für euer Gespräch zehn Minuten Zeit…

Kommt jetzt wieder zum großen Kreis zusammen, damit wir die Übung gemeinsam auswerten können…

Auswertung:
- Wie hat mir diese Übung gefallen?
- Was war besonders wichtig für mich?
- Wie kann ich den Namen Gottes stärker achten?
- Mit welchem Namen spreche ich Gott an?
- Was möchte ich sonst noch sagen?

Hinweise: Diese Übung eignet sich vor allem für ältere Jugendliche und Erwachsene.

Variation: Wenn Sie den Akzent auf die Heiligung des Gottesnamens legen wollen, stellen Sie eine Liste mit unterschiedlichen Gottesnamen zusammen. Jeder Teilnehmer wählt dann den Namen aus, der ihm besonders gut gefällt. Dann schreibt er auf, was er tun kann, damit dieser Name Gottes geachtet, d. h. geheiligt wird. Diese Notizen werden anschließend im Plenum vorgelesen und besprochen.

Was alles in meinem Namen steckt

Bitte ergänze die folgenden Satzanfänge und beantworte die Fragen. Versuche, die Antworten und Ergänzungen zu notieren, die dir spontan in den Sinn kommen, ohne daß du lange darüber nachdenkst.

Ich heiße ....

Mein Vorname wurde ausgesucht von ....

Mein Vater/meine Mutter hofften, daß ich ....

....

Als kleines Kind wurde ich oft .... genannt.

Ich mag an meinem Vornamen, daß ....

Ich mag an meinem Vornamen nicht, daß ....

Wenn ich mir selbst einen anderen Namen geben könnte, würde ich mich

.... nennen.

Welcher Mensch achtet meinen Namen besonders? ....

Welcher Mensch sollte meinen Namen mehr achten? ....

Wie wird mein Name in dieser Gruppe geachtet? ....

Was kann ich selbst tun, um meinen Namen mehr zu achten? ....

....

Was kann ich selbst tun, damit andere meinen Namen mehr achten?

....

....

Das Unangenehmste, das mir jemand sagen könnte, wäre: ....

(Name), du bist ....

Das Beste, das mir jemand sagen könnte, wäre: .... (Name),

du bist ....

....

Datum: .... Unterschrift: ....

Übung: Gemischte Gefühle

Ziele: Einen Namen heiligen heißt, den Betreffenden ernst zu nehmen. Jemanden ernst nehmen bedeutet, daß ich auch die ambivalenten Gefühle demjenigen gegenüber an mir wahrnehme. Auf bestimmte Aspekte der anderen Person reagiere ich negativ. Weiter gehört zum Ernstnehmen, daß ich bei dem anderen denselben inneren Vorgang mir gegenüber akzeptiere. Mich selbst ernst nehmen heißt, mir der eigenen Stärken und Schwächen bewußt zu sein und auch unerwünschte Eigenschaften als zunächst gegeben zu akzeptieren.

In dieser Übung können sich die Teilnehmer ambivalenter Einstellungen bewußt werden, die sie sich selbst und Gott gegenüber haben.

Material: Papier und Bleistift.

Anleitung: Wenn ich den Namen einer anderen Person heiligen will, dann nehme ich sie ernst. Ich bin ehrlich ihr gegenüber und kann dem anderen mitteilen, was ich an ihm mag und was ich nicht an ihm mag. Ich vertraue darauf, daß der andere dies gelten läßt.

Diesen Zusammenhang können wir heute etwas genauer untersuchen.

Nehmt zunächst ein Blatt Papier und faltet es in der Mitte. Schreibt dann über die linke Spalte: „Was ich an mir mag" und über die rechte Spalte: „Was ich nicht an mir mag."…

Ihr habt jetzt zehn Minuten Zeit, all das in die Spalten zu schreiben, was euch zu diesen beiden Überschriften einfällt… Jetzt stoppt und unterschreibt das Blatt mit eurem Namen und dem heutigen Datum…

Bildet nun Vierergruppen und behaltet in eurem Gespräch die folgenden Fragen vor Augen:

(Notieren Sie diese Fragen für alle sichtbar.)

◆ Sind mir eher positive oder eher negative Dinge eingefallen?

◆ Fällt es mir leichter, vor anderen über meine Stärken zu sprechen als über meine Schwächen?

Ihr habt für euer Gespräch 15 Minuten Zeit…

Nun holt euch ein neues Blatt Papier, das ihr wieder in der Mitte faltet…

Schreibt jetzt über die linke Spalte: „Was ich an Gott mag" und über die rechte Spalte: „Was ich nicht an Gott mag"… Ihr habt wieder zehn Minuten Zeit, um alles das, was euch hierzu einfällt, in die beiden Spalten zu schreiben…

Stoppt und unterschreibt auch dieses Blatt mit eurem Namen und setzt
das heutige Datum darunter...

Lest nun euren drei Partnern aus der kleinen Gruppe vor, was ihr
geschrieben habt. Sprecht dann miteinander darüber und haltet euch folgende Fragen vor Augen:

(Notieren Sie auch diese Fragen für alle sichtbar.)

◆ Fällt es mir leichter, positive Dinge über Gott zu sagen als negative?

◆ Kann ich Ähnlichkeiten zwischen meinem ersten und meinem zweiten
Blatt entdecken?

Ihr habt für euer Gespräch noch einmal 15 Minuten Zeit...

Kommt nun wieder im großen Kreis zusammen, damit wir diese Übung
gemeinsam auswerten können...

Auswertung:
– Wie hat mir diese Übung gefallen?
– Was war am wichtigsten für mich?
– Kenne ich aus der Bibel Menschen, die sich über Gott beschweren?
– Welche „unangenehmen" Gefühle kenne ich Gott gegenüber?
– Welche Risiken gehe ich ein, wenn ich Gott anklage?
– Welche Risiken gehe ich ein, wenn ich in dieser Gruppe andere kriti-
siere?
– Schätze ich Dinge an Gott, die ich an mir selbst mag?
– Verurteile ich Dinge an Gott, die ich an mir selbst nicht mag?
– Was möchte ich sonst noch sagen?

Hinweise: Bei erwachsenen Teilnehmern wird mehr Zeit für die Zwischenauswertung benötigt.

Variation: Die Intensität der Arbeit wird noch größer, wenn jeder Teilnehmer zur Bearbeitung der ersten Liste ein Photo von sich neben das
Blatt legt.

Übung: Unterwegs

Gott sprach zu Mose:
Ich bin, der ich bin.
(Exodus 3, 14)

Ziele: Die Teilnehmer sollen den Text verstehen lernen und Verständnis dafür entwickeln, daß sich Gott – wie jede lebendige Person – dem Zugriff durch feste Kategorien und Etiketten entzieht. Gleichzeitig werden sie ermutigt, auch für die eigene Entwicklung mit größeren Möglichkeiten zu rechnen.

Material: Formular „Unterwegs", Bleistift, Plakatkarton und Filzschreiber.

Anleitung: Jeder Mensch hat einen Namen. Der Vorteil ist, daß ich durch meinen Namen angeredet werden kann. Der Nachteil ist, daß mancher glaubt, mit meinem Namen auch mich selbst zu kennen. In Wirklichkeit kann mein Name nur für einen winzigen Teil meiner Person stehen. Mein Name bleibt der gleiche, ich selbst aber verändere mich in meiner Persönlichkeit von Jahr zu Jahr.

Diese Überlegung kann euch helfen, eine wichtige Stelle aus dem Alten Testament zu verstehen, in der es um den Namen Gottes geht. Der Satz steht im Buch Mose und heißt: „Ich bin, der ich bin."

(Schreiben Sie das für alle sichtbar auf.)

Auf den ersten Blick erscheint dieser Satz vielleicht nichtssagend. Zugleich sagt er eine Menge. Vielleicht erkennt ihr, was dieser Gottesname zum Ausdruck bringen will, besser nach der folgenden Übung.

Nehmt euch jeder ein Formular „Unterwegs". Lest es durch und füllt es aus. Ihr habt dafür zehn Minuten Zeit…

Nun kommt in Vierergruppen zusammen und sprecht miteinander darüber, was ihr notiert habt. Behaltet dabei folgende Fragen im Auge:

(Notieren Sie diese Fragen für alle sichtbar.)

◆ Wie leicht fiel es mir, passende Eigenschaften zu benennen?

◆ Weshalb ist es sinnvoll, auch in die Zukunft vorauszudenken?

Ihr habt 15 Minuten Zeit für euer Gespräch…

Kommt nun zurück in den großen Kreis, damit wir die Übung gemeinsam auswerten können…

Auswertung:
- Wie hat mir diese Übung gefallen?
- Was war am wichtigsten für mich?
- Wann war Gott mir in meinem bisherigen Leben am nächsten?
- Wann schien er mir am weitesten entfernt zu sein?
- Welche Eigenschaften Gottes sind in der Gruppe besonders oft genannt worden? (Evtl. Liste erstellen.)
- Welche Eigenschaften und Namen hat Gott in der Bibel?
- Was bedeutet es für mich, daß Gott sagt: „Ich bin, der ich bin"?
- Was bedeutet es für mich, daß ich mich entwickeln kann?
- Was möchte ich sonst noch sagen?

Hinweise: Diese Übung wird noch lebendiger, wenn jeder Teilnehmer zu den bezeichneten rückliegenden Lebensabschnitten ein Photo von sich mitbringt und diese neben das Arbeitsformular heftet.

Unterwegs

Auf diesem Blatt findest du eine Zeitlinie, die den Verlauf deines Lebens vom Zeitpunkt deiner Geburt an darstellt. Zeige durch einen dicken Querstrich, wie alt du heute bist, und schreibe „heute" daran.

	I C H		GOTT
Die erste Aufgabe besteht darin, daß du dich für jede angegebene Altersstufe der Vergangenheit bis zum heutigen Tage durch eine Eigenschaft kennzeichnest, die deiner Meinung nach am besten zu dir in dem betreffenden Alter paßt.	....	Geburt	....
	....	2 Jahre	....
	....	4 Jahre	....
	....	6 Jahre	....
Mach dann dasselbe für Gott und bezeichne ihn durch eine Eigenschaft, wie er dir in der jeweiligen Zeitspanne erschien.	....	8 Jahre	....
	....	10 Jahre	....
Dann gib für die nächsten drei Zeitabschnitte – von heute an in die Zukunft gerechnet – ebenfalls passende Eigenschaften an, die dann voraussichtlich zu dir passen werden. Mach dasselbe für Gott.	....	12 Jahre	....
	....	14 Jahre	....
	....	16 Jahre	....
	....	18 Jahre	....
Wie sicher kannst du sein, daß die genannten Eigenschaften für deine und Gottes Zukunft wirklich passen?...	....	20 Jahre	....
	....	24 Jahre	....
	....	30 Jahre	....
	....	40 Jahre	....
	....	60 Jahre	....
	....	80 Jahre	....

KAPITEL 6
DEIN REICH
KOMME

THEOLOGISCHE AKZENTE

*Der Mensch wird des
Weges geführt, den er wählt.*

Während ich hier schreibe, heult unten auf der Straße ein Vierjähriger seinem Vater nach. Er besteht nur aus Heulen. Das Gesicht ist rot angelaufen, der Körper gespannt. Das Heulen macht mich nervös. Ich möchte mich konzentrieren. Der Lärm stört mich bei der Arbeit.

Ich lese: „Wer das Reich Gottes nicht annimmt wie ein Kind, der wird nicht hineinkommen" (Lukas 18, 17). Das Heulen des Vierjährigen wird mir zum Gleichnis. Was kann ich über das Reich Gottes sagen?

Jeder von uns trägt den Traum von solch einem Reich in sich. Der Vater ist seine Verkörperung. Es ist der Traum von einem Urzustand der Geborgenheit am Anfang des Menschseins, und es ist der Traum von einem Heilszustand am Ende des Menschseins. Dieser Traum ist lebensnotwendig. Dies gilt für das individuelle Leben ebenso wie für die Geschichte der Menschheit. Nicht zufällig stehen am Anfang und am Ende der Bibel die Erzählungen vom Paradies und der neuen Stadt Gottes.

Beides ist weit weg, verloren oder noch ausstehend. Anschaulicher und handfester ist für mich, was Jesus vom Reich Gottes erzählt, von dem Reich, das er selbst ist und bringt.

Ein paar Merkmale fallen auf:

♦ Das Reich Gottes ist verborgen. Es ist mitten unter uns. Es ist täglich in der Natur zu sehen. Es ist klein, gewöhnlich, unscheinbar, banal wie ein Senfkorn. Es ist dabei, sich zu entfalten. Es ist im Kommen.

♦ Das Reich Gottes hält sich nicht an vorgegebene Grenzen. Die Einschränkungen, die wir uns geistig, seelisch und körperlich auferlegen und auferlegen lassen, werden aufgelöst, nicht ruckartig, sondern langsam und stetig wie eine wachsende Saat.

♦ Das Reich Gottes ist gekennzeichnet durch Freude. Es ist die Freude der Menschen, die zu schätzen wissen, was ihnen geschenkt wird. Diese Freude ist am besten durch „glücklich sein" umschrieben. Mit eingeschlossen ist dabei das Loslassen-Können, das Nicht-Festhalten-Wollen, das Nicht-Besitzen-Müssen.

♦ Das Reich Gottes ist ein Reich der Freiheit. Nichts muß getan werden. Ich kann Nein sagen, das befreit mich, Ja zu sagen. Ich werde mir klar, was ich eigentlich will. Was will ich für mich allein? Was will ich mit anderen zusammen? Es ist ein Wachstumsprozeß, in dem neue Entscheidungen gemeinsam gefunden werden.

◆ Im Reich Gottes gelten neue Maßstäbe. Am prägnantesten sprechen davon die Seligpreisungen (Matthäus 5, 3 ff.). Das System von Lohn und Strafe, von Leistung und Gerechtigkeit ist außer Kraft gesetzt. Die Kranken bedürfen des Arztes, nicht die Gesunden.

◆ Das Reich Gottes geschieht in unserer Zeit. Es sind „erfüllte Augenblicke" gegenüber chronologisch gemessener Zeit. Es kommt überraschend, unerwartet. Es ist die Zeit zum Atemholen. Augenblick und Ewigkeit fallen zusammen.

Und was kann ich dazu tun? Ich kann ein wenig genauer wahrnehmen. Ich kann vielleicht ein paar Dinge, die für mich jetzt meinen Augenblick, meine Zeit zerreißen wollen, beiseite tun. Ich kann versuchen, ein Gleichgewicht zu finden zwischen meiner Aktivität und dem Geschehenlassen-Können. Der Kairos, der rechte Augenblick, kommt auch ohne mich. Aber ich kann ihn verpassen oder gewinnen.
Der Vierjährige ist inzwischen im Kindergarten. Er hat mir geholfen. Er weiß nichts davon.

ZUR EINSTIMMUNG DES LEITERS

Das Reich Gottes ist mitten unter uns. Es ist immer schon da, aber ich nehme es nicht immer wahr. Es kommt von selbst, und doch sind wir an seinem Entstehen beteiligt.

Es ist auch jetzt bei Ihnen, zum Beispiel in Ihren Händen.

Legen Sie Ihre Hände vor sich auf den Tisch…

Betrachten Sie in Ruhe Ihre beiden Hände…

Häufig haben Sie mit Ihren Händen etwas vom Reich Gottes erlebt bzw. etwas davon verwirklicht.

Rufen Sie sich Erlebnisse in Ihr Gedächtnis zurück, wo Sie das Reich Gottes „begriffen". Welche Dinge, welche Menschen fallen Ihnen dazu ein? Geben Sie sich ungefähr drei Minuten Zeit, das zu bedenken…

Denken Sie dann an Situationen, in denen Sie das Reich Gottes mitgestalteten. Welche großen und kleinen Aktivitäten Ihrer Hände fallen Ihnen dazu ein? Mit welchen Menschen waren Sie dabei zusammen? Geben Sie sich auch hier drei Minuten Zeit, um darüber nachzudenken…

Bereiten Sie sich jetzt darauf vor, sich mit Ihren Händen etwas Gutes zu tun. Schließen Sie gleich die Augen und berühren Sie mit den Fingerspitzen beider Hände zart und neugierig Ihr Gesicht…

Versuchen Sie, mit Ihren Händen dem Gesicht das zu geben, was es im Augenblick nötig hat, und lassen Sie sich auch dafür genügend Zeit…

Schauen Sie jetzt Ihre Hände noch einmal an und sagen Sie etwas Freundliches zu ihnen…

Übung: Ein glücklicher Augenblick

Ziele: Erwachsen werden heißt, das eigene Verhältnis zur Zeit bewußt gestalten zu können. Oft leben wir innerlich in der Zukunft, weil wir darauf bestehen, unser zukünftiges Glück selbst zu planen, statt uns von den Glücksmöglichkeiten des Augenblicks überraschen zu lassen. Oft bewegen wir uns innerlich in der Vergangenheit, weil viele unabgeschlossene Probleme uns immer wieder anziehen. Allzu selten konzentrieren wir uns auf die Gegenwart und ihre Möglichkeiten. Auf diese Weise bürden wir uns zusätzliche Mühsal auf und haben eher das Gefühl, in der Hölle als im Himmel zu leben.

In dieser Übung sollen sich die Teilnehmer an einfache Situationen erinnern, in denen sie den Augenblick genießen konnten und einfach glücklich waren. Sie sollen sich klarmachen, wie es zu diesen Situationen kam und welche innere Einstellung ihnen diese Erfahrung ermöglichte.

Material: Papier und Bleistift, Ölkreiden.

Anleitung: Ich schlage vor, daß wir uns heute mit der zweiten Bitte des Vaterunsers beschäftigen. Sie heißt „Dein Reich komme".

Damit ihr eine Vorstellung davon entwickeln könnt, was diese biblische Aussage bedeuten kann, schlage ich euch folgende Übung vor:

Denkt einmal an eine Situation, in der ihr einfach nur glücklich wart. Ich meine damit nicht die großen Glückssituationen, die selten im Leben sind, wie zum Beispiel die Genesung nach einer schweren Krankheit, Rettung aus Gefahr oder ein sonstwie herausragendes Erlebnis. Ich denke an das häufiger stattfindende kleine Glück. Ihr könnt es daran erkennen, daß ihr euch dann plötzlich ruhig, friedlich, warm und rund fühlt und euch wünscht, ihr könntet diesen Augenblick festhalten. Habt ihr verstanden, was ich meine?…

Ich möchte jetzt, daß jeder sich eine solche Glückssituation ins Gedächtnis ruft und sie auf einer Seite beschreibt. Gebt bitte genau an, wo ihr wart, wie eure Umgebung war, was ihr empfandet. Wer lieber ein Bild zu dieser Situation malt, kann das tun. Ihr habt für eure Aufgabe 15 Minuten Zeit…

Kommt jetzt in Vierergruppen zusammen, und zwar mit Leuten, von denen einige häufiger und andere seltener solche Glückssituationen erleben, also mit „Glückspilzen" und „Glücksmuffeln". Zeigt einander, was ihr gemacht habt.

Haltet euch beim Gespräch dann folgende Fragen vor Augen:
(Schreiben Sie diese Leitfragen für alle sichtbar auf.)

◆ Wie fühlt sich mein Körper an, wenn ich glücklich bin?

◆ Was kann ich selbst dazu tun, daß ich häufiger einfaches Glück erlebe?

Ihr habt 15 Minuten Zeit für euer Gespräch…
(Leiten Sie dann die gemeinsame Auswertung ein.)

Auswertung:
– Wie hat mir diese Übung gefallen?
– Was war am wichtigsten für mich?
– Wer in dieser Gruppe ist nach meiner Meinung für Glück besonders empfänglich?
– Wer in dieser Gruppe ist nach meiner Meinung für Glück besonders wenig empfänglich?
– Habe ich solche Glückssituationen in dieser Gruppe schon erlebt? Können wir in dieser Gruppe etwas tun, um häufiger miteinander glücklich zu sein?
– Wieweit ist Glück planbar?
– Was möchte ich sonst noch sagen?

Hinweise: Besonders für Gruppen mit einer großen Zahl von Glücksmuffeln und chronischen Nörglern ist dies eine gute „Medizin".

Übung: Mein anderes Ich

Ziele: Eine Voraussetzung zum Glücklichsein ist die Ausdehnung meines Bewußtseins. Wir kennen viel zu wenig von unseren Fähigkeiten und Talenten, von unseren Interessen und Hoffnungen, von unseren Abneigungen und Leidenschaften. Auf diese Weise benutzen wir nur einen geringen Teil unserer Möglichkeiten und sind dementsprechend auch ohne ungünstige Umwelteinflüsse unglücklicher, als wir es sein müßten.

Ich kann mein Leben reichhaltiger und beweglicher gestalten, wenn ich mehr Kontakt zu meinen Wünschen und Möglichkeiten finde.

Die folgende Übung soll die Gruppenmitglieder auf einige ihrer sonst eher vernachlässigten Persönlichkeitsaspekte hinweisen und sie ermutigen, mehr im Leben auszuprobieren.

Material: Formular „Mein anderes Ich".

Anleitung: Im Vaterunser bitten wir: „Dein Reich komme." Andererseits sagt uns die Bibel, daß das Reich Gottes schon da ist. Wir verstehen diesen Zusammenhang vielleicht besser, wenn wir das einmal genauer betrachten.

Wir selbst sind Teil der göttlichen Schöpfung, und wir haben viel mehr Möglichkeiten, geistige, seelische und körperliche, mitbekommen, als wir benutzen. Wir betrachten uns oft wie durch ein umgedrehtes Fernglas, so daß wir uns klein und oberflächlich sehen. Wir denken: „So und so bin ich, das und das kann ich, dieses und jenes muß ich" – und auf diese Weise schränken wir unsere schöpferischen Möglichkeiten ein und unsere Träume und Phantasien.

Ich möchte euch anregen, eure Phantasie zu benutzen, um auch Teile eurer Person zu betrachten, die ihr sonst eher vernachlässigt. Dazu habe ich ein Formular vorbereitet. Bitte beantwortet die Fragen. Ihr habt 15 Minuten Zeit...

Nun kommt in Vierergruppen zusammen und lest euch vor, was ihr geschrieben habt. Behaltet dabei folgende Fragen im Auge:

(Notieren Sie diese für alle sichtbar.)

◆ Welches Wunschbild möchte ich einmal verwirklichen?

◆ Haben mich Wunschbilder der anderen überrascht?

Für euer Gespräch in der kleinen Gruppe habt ihr noch einmal 15 Minuten Zeit... Kommt nun wieder in den großen Kreis zurück...

(Beginnen Sie die folgende Auswertung mit einer kleinen Übung. Bitten Sie die Teilnehmer, sich in zwei Gruppen aufzuteilen, wobei sich in der ersten Gruppe die Teilnehmer treffen sollen, die sich zutrauen, auch kühne Träume zu verwirklichen. In der zweiten Gruppe treffen sich die Teilnehmer, die ihren eigenen Träumen skeptisch gegenüberstehen und lieber „auf Nummer Sicher" gehen. Geben Sie den Teilnehmern dann zehn Minuten Zeit für ihren Austausch.)

Auswertung:
– Wie hat mir diese Übung gefallen?
– Was war am wichtigsten für mich?
– Welcher Mensch ermuntert mich am stärksten, meine Talente auszubauen und meine Träume zu verwirklichen?
– Was würden meine Eltern zu meinen Wünschen sagen?
– Wer in der Gruppe braucht Ermutigung, seine Fähigkeiten auszubauen?
– Was möchte ich sonst noch sagen?

Hinweise: Die Übung ist einfach und eignet sich auch für ungeübte Gruppen. Sie führt zu einer positiven Grundstimmung.

Variation: Wenn Sie mehr Zeit zur Verfügung haben und die Arbeit intensiver gestalten wollen, können Sie während der Auswertung jeden Teilnehmer ein Kärtchen schreiben lassen, auf dem er notiert, wer ihn in dieser Gruppe in seinen Träumen und Hoffnungen bekräftigt und zur Realisierung ermuntert.

Mein anderes Ich

Stell dir vor, daß du „Dein anderes Ich" bist, frei von allen augenblicklichen Einschränkungen und Verpflichtungen. Du könntest alle äußeren Umstände verändern, und du könntest dich selbst körperlich, geistig und seelisch verwandeln. Wie möchtest du dann leben? Beantworte dazu die folgenden Fragen:

Wie alt möchtest du sein? ....

Wie möchtest du aussehen? ....

Wie groß möchtest du sein? ....

Wo möchtest du leben? ....

Welchen Beruf möchtest du haben? ....

Welchen Sport möchtest du ausüben? ....

Was möchtest du in deiner Freizeit am liebsten tun? ....

Was möchtest du gern essen? ....

Welche Bücher würdest du gern lesen? ....

Mit welchen Leuten möchtest du enger befreundet sein? ....

Wie möchtest du Dich kleiden? ....

Was möchtest du lernen? ....

Was für eine Familie möchtest du haben? ....

Möchtest du dich für andere Menschen einsetzen? ....

Wenn ja, auf welche Weise möchtest du das tun? ....

Wie soll das Haus aussehen, in dem du lebst? ....

Wenn du verheiratet sein möchtest, beschreibe den Partner: ....

....

Wen möchtest du als Gast in dein Zuhause einladen? ....

Wenn du selbst auf deine Kosten gekommen bist, für wen möchtest du dann da

sein? ....

Was möchtest du sonst noch? ....

Datum: ....   Unterschrift: ....

Übung: Grabinschrift

Ziele: So wichtig es ist, im Augenblick leben zu können, so notwendig ist es zugleich, auch langfristige Wertvorstellungen zu entwickeln. Wenn ich nicht weiß, wofür ich mich einsetzen möchte und was wertvoll für mich ist, dann werde ich leicht zum Spielball meiner wechselnden irrationalen Gefühle und Empfindungen.

Diese Übung gibt den Teilnehmern Gelegenheit, sich einiger wichtiger Wertvorstellungen bewußt zu werden und zu überprüfen, wieweit diese zu ihrem Verständnis vom Reich Gottes passen. Sie werden veranlaßt, ihre zum Teil unreflektiert und naiv übernommenen Wertvorstellungen in verschiedenen Lebensbereichen zu überprüfen und sich zu fragen: „Wieweit fördere ich mit diesen Wertvorstellungen das Reich Gottes? Wieweit verhindere ich es dadurch?"

Material: Papier und Bleistift.

Anleitung: Wichtige Fragen, mit denen wir uns immer wieder beschäftigen müssen, sind: „Wer bin ich, und wer möchte ich sein? Was will ich in meinem Leben? Wie will ich leben? Welche Auswirkungen haben meine Lebensziele auf andere?"

Mit der folgenden Übung könnt ihr euch einige Antworten auf diese Fragen geben. Überlegt einen Moment, in welchem Alter ihr vermutlich sterben werdet... (15 Sek.)

Jetzt stellt euch folgendes vor: Ihr steht am Ende eures Lebens und bereitet euch auf das Sterben vor. Ihr habt Gelegenheit, einen besonderen Grabstein für euch zu entwerfen, der anderen mitteilen soll, was ihr für ein Mensch wart, wie und wofür ihr gelebt habt. Solche Grabsteine hat es in vielen Jahrhunderten gegeben, und ihr habt jetzt Gelegenheit, die Inschrift für euren Grabstein selbst zu entwerfen. Sie darf nicht mehr als drei Sätze haben.

Ihr habt 15 Minuten Zeit, um euch die Inschrift für euren Grabstein auszudenken und aufzuschreiben...

Sucht euch nun drei Teilnehmer, mit denen ihr über eure Grabinschrift sprechen wollt. Bedenkt bei eurem Gespräch bitte die folgenden Fragen: (Schreiben Sie diese Leitfragen für alle sichtbar auf.)

◆ Lebe ich heute so, daß meine Inschrift in einigen Punkten der Wirklichkeit entspricht?

◆ Habe ich durch meine Art zu leben das Reich Gottes gefördert oder behindert?

Ihr habt zehn Minuten Zeit für euer Gespräch...
Leiten Sie danach die Schlußauswertung im großen Kreis ein.

Auswertung:
– Wie hat mir diese Übung gefallen?
– Was war für mich am wichtigsten?
– Welche Vorstellungen vom Leben gibt es in unserer Gruppe?
– Denke ich zu sehr oder zu wenig an mein persönliches Glück?
– Denke ich zu sehr oder zu wenig an soziale oder moralische Verpflichtungen?
– Kenne ich einen Menschen, der sein Leben in meinen Augen glücklich abgeschlossen hat?
– Was ist für mich im Augenblick der Sinn meines Lebens?
– Wieweit fördere ich im Augenblick das Reich Gottes?
– Was kann ich mehr dazu tun?
– Was möchte ich sonst noch sagen?

Hinweise: Diese Übung eignet sich besonders für Gruppen mit älteren Jugendlichen und erwachsenen Teilnehmern.

Übung: Was ich an dir schätze

Das Himmelreich ist gleich einem Senfkorn,
das ein Mensch nahm und säte es auf seinen Acker;
welches das kleinste ist unter allen Samen;
wenn es aber gewachsen ist, so ist es größer als alle Sträucher
und wird wie ein Baum, daß die Vögel unter dem Himmel kommen
und wohnen in seinen Zweigen.
(Matthäus 13, 31–32)

Ziele: Zu den wichtigen Entwicklungsbedingungen jedes Menschen gehört, daß er genügend Zuwendung und Liebe von anderen bekommt. Das gilt in besonderer Weise für uns als Kinder. Auch später brauchen wir Anerkennung und Wärme von anderen, um unser Selbstwertgefühl als wichtige Quelle unserer Lebenskraft aufrechtzuerhalten. Nur wenn ich selbst genügend Zuwendung bekomme, kann ich sie auch geben; und wenn ich anderen genügend Zuwendung gebe, bekomme ich sie von ihnen zurück.

Die Teilnehmer, die sich inzwischen in der Gruppe näher kennengelernt haben, können in diesem Experiment üben, die vorhandenen positiven Gefühle füreinander auszudrücken bzw. die Wertschätzung anderer entgegenzunehmen. Wir hätten den „Himmel auf Erden", wenn wir es zuließen, daß die Kinder sich wirklich mit den in ihnen angelegten Möglichkeiten voll entfalten und daß die Erwachsenen ihre natürliche Achtung und Wertschätzung füreinander wirklich zum Ausdruck bringen.

Material: Text Matthäus 13, 31–32 auf Plakatkarton.

Anleitung: Eine zentrale Aussage über das Reich Gottes steht bei Matthäus: „Das Reich Gottes ist verborgen und unscheinbar unter uns. Es wird sich jedoch entfalten und wachsen wie das Senfkorn, in dem alles angelegt ist, was es benötigt, um ein Baum zu werden."

Zu den wichtigen Dingen, die in uns angelegt sind, aber nicht genügend entfaltet werden, gehört der Ausdruck unserer natürlichen Zuneigung und Wärme füreinander. Leider sind wir fast alle so erzogen worden, daß wir unsere spontane Zuneigung mit Worten oder in Form von zärtlicher Berührung auf die Menschen in unserer Familie beschränken. Ärgerliche, feindliche Gefühle oder Wettbewerbsgefühle dürfen dagegen allen Menschen gegenüber ausgedrückt werden. Auf diese Weise leiden fast alle Menschen an einem Hunger nach Zuwendung und Zärtlichkeit.

Ich weiß nicht, wie ihr unsere gemeinsame Arbeit bisher empfunden habt, ob dabei euer Bedürfnis, Wärme zu geben und zu bekommen, ausreichend befriedigt wurde. Ich rechne damit, daß hier einiges offengeblieben ist. Ich möchte euch daher folgende Übung vorschlagen:

Jeder, der möchte, kann sich zwei Minuten lang in die Mitte unseres Kreises setzen. Während dieser Zeit werden wir anderen ihm nacheinander mitteilen, was wir an ihm gern haben, bzw. ihm zeigen, daß wir ihn mögen. Wer etwas ausdrücken möchte, steht dazu am besten auf, geht zu dem Betreffenden in die Mitte des Kreises und sagt ihm mit Worten, was er an ihm schätzt, oder drückt seine Zuneigung ohne Worte aus. Er kann natürlich auch beides tun. Wichtig ist, daß ihr nicht zu viele Worte macht, damit auch andere während der zwei Minuten Gelegenheit haben, ihre Empfindungen auszudrücken. Der Teilnehmer in der Mitte soll nichts dazu sagen, damit er diese ungewöhnliche Situation möglichst konzentriert genießen kann. Ganz am Schluß soll er sagen: „Ich danke euch." Dann hat ein zweiter Teilnehmer Gelegenheit, sich in die Mitte des Kreises zu setzen. Habt ihr verstanden, was ich meine?...

(Achten Sie auf folgendes: Zwischendurch sollen keine Kommentare, Bewertungen oder Fragen von der Gruppe abgegeben werden. Die Zielperson soll während des Rituals stumm bleiben. Die Zeit soll nicht überschritten werden. Wenn sich niemand zu einer Zielperson positiv äußert, dann äußern Sie sich positiv und realistisch.)

Auswertung:
– Wie hat mir diese Übung gefallen?
– Was war für mich am wichtigsten?
– Was war leichter für mich: etwas Freundliches mit Worten oder schweigend auszudrücken?
– Habe ich mich als Freiwilliger in die Mitte des Kreises gesetzt? Wie habe ich mich dabei gefühlt?
– Wie fühle ich mich jetzt?
– Fällt es mir im täglichen Leben leichter, Freundlichkeit anzunehmen, oder diese anderen gegenüber auszudrücken?
– Was würde passieren, wenn ich selbst jeden Tag häufiger Liebe und Zuneigung bekäme?
– Bringe ich etwas Neues mit diesem Bibeltext in Verbindung?
– An welcher Stelle unserer bisherigen Arbeit hatte ich am stärksten das Gefühl, daß das Reich Gottes nahe ist?

– Wie ist es zu erklären, daß wir in einem christlich geprägten Land leben und doch solche Schwierigkeiten haben, das Reich Gottes durch Zärtlichkeit und Liebe stärker wachsen zu lassen?
– Welche Konsequenzen möchte ich aus dieser Erfahrung ziehen? Was möchte ich sonst noch sagen?

Hinweise: Voraussetzung für diese Übung ist, daß in der Gruppe ein gutes Vertrauensverhältnis besteht und daß die Gruppe auch zu Ihnen als Leiter genügend Vertrauen hat.

KAPITEL 7
DEIN WILLE GESCHEHE
WIE IM HIMMEL
SO AUF ERDEN

THEOLOGISCHE AKZENTE

Ein klares Nein ist allezeit
besser als ein klares Ja... aber.

„Des Menschen Wille ist sein Himmelreich", sagt ein Sprichwort. Wenn ich wirklich das tue, was ich will, kann ich mich wohl fühlen. Ich werde mir meiner Möglichkeiten bewußt. Ich bin „wie im Himmel". Nur wissen die wenigsten, was sie wollen. Ihr Wille ist vielfach gebrochen worden. Er ist klein geblieben, vielleicht bockig oder unterentwickelt. So ist er den vielfältigen und wechselnden Anforderungen des Lebens nicht gewachsen. Und wie soll jemand, der selbst nicht genau weiß, was er will, wissen, was ein anderer oder was Gott will?

Jesus sagt: „Eure Rede sei Ja, Ja, Nein, Nein; und was darüber ist, das ist vom Übel" (Matthäus 5, 37). Das gilt nicht nur, wo es um das Letzte geht, den Schwur. Das gilt alltäglich. Beim Willen geht es um die beiden Grundworte Ja und Nein.

Wozu will ich jetzt Ja sagen? Wozu will ich jetzt Nein sagen? Häufig sagen wir Ja, wenn wir es gar nicht so meinen. Wir haben Angst vor dem Konflikt, den ein Nein auslösen könnte. Also betrügen wir uns selbst und den anderen. Dieses Spiel ist so gut eingeübt, daß uns keiner mehr die Regeln dazu erklären muß. Und wir haben uns so sehr daran gewöhnt, daß wir gewohnt sind, den Preis dafür zu zahlen – einen hohen Preis.

Wir benutzen einen großen Teil unserer Energie dazu, uns zu kontrollieren. Nur selten geben wir uns Gelegenheit, unsere schöpferischen Möglichkeiten zu entdecken und zu entfalten. Es ist, als hätten wir Angst vor uns selbst: „Wenn ich das tue, dann..." (Wenn heute von weltweiter Energieverschwendung gesprochen wird, dann sollten wir auch mitbedenken, wie wir mit der Kraft, mit der Energie in uns, umgehen.)

Wozu benutze ich meine Energie? Will ich auf Biegen und Brechen meinen Willen durchsetzen? Dann brauche ich die Energie, um ständig Störfaktoren in mir und außerhalb von mir abzuwehren. Will ich etwas tun, was ich eigentlich gar nicht so recht will? Dann brauche ich meine Energie, um die Verwirrungen und Ablenkungen, die um mich entstehen, zu kontrollieren. Will ich etwas tun, was ich gar nicht will? Dann brauche ich meine Energie, um mich selbst kleinzuhalten oder um meinen Willen an einer ganz anderen unvermuteten und unüberschaubaren Stelle durchzuboxen oder um mich durchzumogeln.

Nur wenn ich das tun will, was ich selbst will, dann kann ich meine Energie benutzen, um mit meinem Wollen einer jeweils sich verändernden Situation gerecht zu werden. Ich kann so meine Energie benutzen, um mit der Kraft Gottes in einer Bewegung zu sein.

Ja und Nein, das sind die beiden Grundworte. – Mein Sohn steckt den Kopf zur Tür herein; er will mit mir Englisch üben. Ich will dieses Kapitel zu Ende schreiben. Ich sage: „Nein" und mache dann einen Zeitvorschlag, der uns beiden paßt.

Dem Willen Gottes zu entsprechen, ist lange damit verwechselt worden, den eigenen Willen zu brechen. Das kann nicht gutgehen. Dem Willen Gottes zu entsprechen, heißt heute für mich, reif werden, mündig werden, d. h. mein Mund spricht aus, was ich will. Ich antworte verantwortlich auf die vielfältigen Anforderungen, die an mich ergehen.

Was Gott will, sagt er deutlich. Er sagt Ja zum Menschen. Er sagt Ja zu mir. Ich brauche mich also nicht einer blinden Schicksalsmacht zu beugen, sondern kann Ja zu mir sagen. Gott will nicht mit Willkür verfügen, sondern will, daß durch unseren Willen, durch unsere Aktivität das Leben gestaltet wird.

So wird auch deutlich, wie diese Bitte die beiden ersten umfaßt und zugleich weiterführt. „Dein Wille geschehe wie im Himmel so auf Erden" heißt: Gott und Mensch sind ansprechbar; beide, Gott und Mensch übernehmen Verantwortung (= „dein Name werde geheiligt").
Das Reich Gottes bleibt der lebensnotwendige Traum von dem „ganz anderen".

ZUR EINSTIMMUNG DES LEITERS

Wer seinen eigenen Willen nicht ausreichend kennt und ernst nimmt, wird auch den Willen Gottes nicht respektieren können.
Lassen Sie diesen Satz ein paar Augenblicke in sich einsinken…
Zu den wichtigsten Wörtern, mit denen wir unseren Willen ausdrücken können, gehören Ja und Nein.
Auf welche Weise haben Sie diese beiden Wörter bisher gebraucht?…
Finden Sie nun die Situation in Ihrem Leben heraus, in der Sie das stärkste NEIN zum Ausdruck gebracht haben. Wovon haben Sie sich damals abgegrenzt?…
Vergegenwärtigen Sie sich die Situation und die beteiligten Personen. Geben Sie sich dafür ungefähr drei Minuten Zeit…
Nun finden Sie die Situation in Ihrem Leben heraus, in der Sie das stärkste JA zum Ausdruck gebracht haben…
Vergegenwärtigen Sie sich die Situation und die beteiligten Personen. Geben Sie sich auch dafür ungefähr drei Minuten Zeit…
Gebrauchen Sie in Ihrer gegenwärtigen Lebenssituation die Worte Ja und Nein in einer für Sie befriedigenden Weise?…

Übung: Mein Wille

Ziele: Um erwachsen zu werden, müssen wir lernen, unseren eigenen Willen klar zu erkennen. Dazu gehört, daß wir bei den vielen Forderungen, die an uns gestellt werden, prüfen, ob wir sie wirklich erfüllen wollen oder nicht. Als kleine Kinder haben die meisten von uns zu viele Forderungen, die an uns gestellt wurden, ungeprüft hinuntergeschluckt. Daher fällt es uns heute schwer, in aller Ruhe zu erkennen und auszusprechen: „Das will ich. – Das will ich nicht."
In dieser Übung können die Teilnehmer mit den beiden Grundwörtern des Willens, nämlich mit Ja und Nein, experimentieren.

Anleitung: Die Bitte des Vaterunsers, mit der wir uns heute beschäftigen, lautet: „Dein Wille geschehe wie im Himmel so auf Erden."
Ich persönlich gehe davon aus, daß Gott von mir erwartet, daß ich meinen eigenen Willen entwickle. Denn nur dann bin ich überhaupt in der Lage, eigenständig auf den Willen Gottes einzugehen und schöpferisch und verantwortlich zu handeln.
Leider sind wir so erzogen, daß unser eigener Wille unterdrückt wurde. Für die meisten Eltern ist der Wille ihrer kleinen Kinder etwas so Überraschendes, Unbequemes und Erschreckendes, daß sie diesen Willen einschüchtern und nach Möglichkeit an die Kette legen.
Es ist deshalb für uns gar nicht so leicht, unseren eigenen Willen zu entwickeln und dabei genügend Selbstsicherheit zu erwerben, den Willen anderer respektieren zu können.
Ich möchte euch heute Gelegenheit geben, mit eurem Willen zu experimentieren und zu sehen, auf welche Weise ihr euren Willen mit dem Willen anderer Teilnehmer in Einklang bringen könnt.
Stellt bitte die Stühle zur Seite, so daß wir einen großen freien Raum bekommen...
Unsere Übung besteht aus drei Teilen. In der ersten Runde gehen alle schweigend im Raum herum. Dabei habt ihr die Möglichkeit, euch für kurze Zeit ein anderes Gruppenmitglied auszusuchen, mit dem ihr zusammengehen wollt. Wenn ihr euch klar seid, mit wem ihr gehen wollt, macht folgendes: Geht auf den Betreffenden zu und sagt zu ihm: „Ich will mit dir gehen." Dann nehmt seine Hand und geht etwa 20 Sekunden mit ihm herum. Der Betreffende selbst sagt gar nichts. Es bleibt für euch also offen, ob ihr wirklich willkommen seid oder nicht. Hier in dieser ersten Runde könnt ihr vor allem zum Ausdruck bringen,

117

was ihr selbst wollt. Habt ihr verstanden, wie das gehen soll?…

Dann beginnt jetzt, ohne zu sprechen, durch den Raum zu gehen…

(Geben Sie der Gruppe zwei bis drei Minuten Zeit für diesen Teil.)

Jetzt stoppt bitte und kommt auf euren Platz zurück…

Laßt uns kurz darüber sprechen, was ihr erfahren habt. Seid ihr auf die Leute zugegangen, auf die ihr zugehen wolltet?… Habt ihr deutlich gemerkt, was ihr überhaupt wolltet?… Habt ihr herausgefunden, ob ihr willkommen wart oder nicht?… Was war leicht, was war schwer in dieser ersten Runde?…

(Machen Sie eine kleine Auswertung von 5 bis 10 Minuten Dauer.)

Macht euch jetzt fertig für den zweiten Teil der Übung. Hier könnt ihr versuchen, euren Willen auszudrücken und gleichzeitig damit fertigzuwerden, daß ein anderer Nein sagt zu euch. Viele Menschen verzichten darauf, ihren Willen klar und deutlich auszudrücken, aus Furcht, daß ein klares Nein des anderen für sie zu einer Katastrophe führen könnte. Ihr könnt hier einmal sehen, daß auch nach einem klaren Nein die Welt weiterläuft. Die Spielregeln für diesen zweiten Teil sind folgende: Wer mit einem anderen zusammengehen möchte, geht auf den Betreffenden zu und sagt ihm den Satz, den ihr schon aus der ersten Runde kennt, nämlich: „Ich will mit dir gehen." Diesmal muß jedoch der eingeladene Partner ablehnen, indem er sagt: „Nein, ich will nicht mit dir gehen." Dabei soll er diesen Satz möglichst fest und laut aussprechen, ganz unabhängig davon, was er wirklich zu dem Wunsch des anderen meint. Danach trennen sich die beiden und gehen jeder auf einen neuen Partner zu. Das hört sich jetzt alles sehr künstlich an. Mancher denkt sicher, daß das ganz einfach ist. Ihr werdet jedoch merken, daß diese Runde eine Menge seelische Konzentration erfordert. Habt ihr verstanden, was ich meine?…

Dann beginnt jetzt, durch den Raum zu gehen…

(Geben Sie der Gruppe wieder zwei bis drei Minuten Zeit.)

Jetzt stoppt bitte und kommt auf euren Platz zurück…

Laßt uns kurz darüber sprechen, was ihr erfahren habt. Seid ihr auf die Leute zugegangen, auf die ihr zugehen wolltet?… Habt ihr es fertiggebracht, Nein zu sagen, ohne dabei freundlich zu lächeln?… Welches Nein habt ihr als echt empfunden, welches als künstlich?… Was war leicht, was war schwer in dieser zweiten Runde?…

(Machen Sie eine kleine Auswertung von fünf bis zehn Minuten Dauer.)

Jetzt möchte ich euch auf die dritte und letzte Runde vorbereiten. Nach den beiden Trainingsrunden wird es jetzt richtig ernst. Ihr könnt euch überlegen, mit welchem anderen Gruppenmitglied ihr im Augenblick am liebsten zusammensein wollt. Wenn ihr euch dafür entscheidet, selbst die Initiative zu ergreifen, könnt ihr auf den Teilnehmer eurer Wahl zugehen und ihm den euch inzwischen gut bekannten Satz sagen: „Ich will mit dir gehen." Der Angesprochene muß sich nun entscheiden, ob er annehmen oder ablehnen will. Wenn er ablehnt, benutzt er den Satz aus der zweiten Runde: „Nein, ich will nicht mit dir gehen." Wenn er annimmt, sagt er: „Ja, ich will mit dir gehen. Ich freue mich über deine Einladung." Es ist wichtig, daß ihr selbst ernsthaft prüft, was ihr wollt. Ihr seid frei, so viele Versuche zu machen, wie ihr wollt.

Ein Paar, das sich gefunden hat, faßt sich an und bleibt stehen oder wandert gemeinsam herum.

Wenn einer eurer Wunschpartner bereits vergeben ist und Hand in Hand mit einem anderen Gruppenmitglied geht, könnt ihr trotzdem versuchen, ihn für euch zu gewinnen. Es ist allerdings nicht gestattet, andere Worte zu benutzen als die, die ich euch genannt habe.

Habt ihr die Spielregeln verstanden?...

Ihr habt nun fünf Minuten Zeit für die letzte Runde...

Jetzt stoppt und kommt auf euren Platz zurück, damit wir auch diese Runde auswerten können.

Wie ist es euch diesmal ergangen?... Seid ihr mit dem Ausgang für euch zufrieden?... Habt ihr wirklich das getan, was ihr tun wolltet?... Seid ihr aktiv auf andere zugegangen oder habt ihr abgewartet, wer auf euch zukommen würde?... Wie ehrlich war euer Ja?... Wie seid ihr mit Ablehnung fertiggeworden?... Wie einladend, sicher und überzeugend waren eure Werbungen?... Was habt ihr dabei empfunden?...

(Machen Sie eine kleine Auswertung zu diesen Fragen und leiten Sie dann die Schlußauswertung ein.)

Auswertung:
- Wie hat mir diese Übung gefallen?
- Was war für mich am wichtigsten? Was ist mir leichtgefallen?
- Was war schwer?
- Was hätte mein Vater/meine Mutter zu mir gesagt, wenn er/sie mich bei dieser Übung gesehen hätte?
- Bin ich mit meiner Willenskraft zufrieden?

– Was kann ich tun, um meine Willenskraft zu entwickeln?
– Was möchte ich sonst noch sagen?

Hinweise: Diese Übung sollten Sie nur einsetzen, wenn die Gruppe gut miteinander vertraut ist, damit die Teilnehmer auch den dritten Schritt ehrlich bewältigen können.

Übung: Die Gebote meiner Eltern

Ziele: Die Teilnehmer können hier überprüfen, welche der Werthaltungen, Vorschriften und Gebote, die ihnen von den Eltern stillschweigend oder ausdrücklich vermittelt wurden, sie bewußt akzeptieren wollen bzw. welche sie anzweifeln oder sogar ablehnen. Denn die Auseinandersetzung mit dem Willen der Eltern ist die Voraussetzung dafür, selbst als Erwachsener leben zu können. Ebenso, wie die Mündigkeit den Eltern gegenüber gewonnen werden muß, müssen wir auch Gott gegenüber unsere Mündigkeit verwirklichen.

Material: Papier und Bleistift.

Anleitung: Was heißt es für uns, daß Gottes Wille geschehen soll? Ich glaube, Gott möchte, daß wir selbständige und glückliche Erwachsene werden oder sind. Gott wünscht, daß wir unsere angeborenen Möglichkeiten benutzen und unser eigenes Urteilsvermögen einsetzen, um zu entscheiden, wie wir leben wollen.
Ein Schritt dorthin ist die Auseinandersetzung mit den Geboten und Vorschriften der Eltern. Wenn ihr die Überprüfung der elterlichen Vorschriften als euer gutes Recht anseht, wird eure allmähliche Loslösung von den Eltern konstruktiv sein können.
Dazu möchte ich euch folgende Übung vorschlagen: Nehmt ein Blatt Papier und schreibt alle Vorschriften, Gebote und Regeln der Eltern auf, die zur Zeit in eurer Familie gelten. Dazu gehören auch solche Forderungen, die indirekt gestellt werden. Habt ihr verstanden, was ich meine?…
Ihr habt zehn Minuten Zeit für diese Aufgabe…
Numeriert nun alle Gebote von 1 bis … und macht dann folgendes: Überprüft jeden einzelnen Punkt. Wenn ihr innerlich aufrichtig zustimmen könnt und dieses Gebot auch selbst nützlich und wertvoll findet und es auch befolgen wollt, dann macht ein Ausrufungszeichen dahinter. Wenn ihr ein Gebot aufgeschrieben habt, das ihr nützlich findet, es aber nicht gern erfüllt, dann laßt es ohne Kommentar so stehen. Wenn ihr die Nützlichkeit und den Wert eines Gebotes bezweifelt, euch aber noch nicht davon trennen mögt, dann macht ein Fragezeichen dahinter. Und wenn ihr ein Gebot unnötig oder sogar schädlich findet, und wenn ihr es nicht länger befolgen wollt, dann streicht es durch. Ich will euch dafür ein Schema geben:
(Schreiben Sie das folgende Schema für alle sichtbar auf.)

◆ „Ich stimme voll und ganz zu": Ausrufungszeichen.

◆ „Ich muß es zur Zeit noch akzeptieren": ohne Kommentar.

◆ „Ich bezweifle den Wert dieses Gebotes": Fragezeichen.

◆ „Ich lehne es ab": durchstreichen.

Ist euch klar, worum es geht?... Ihr habt fünf Minuten Zeit für den zweiten Teil dieser Aufgabe... Kommt nun in Vierergruppen zusammen, um euch auszutauschen... Bedenkt bei eurem Gespräch die folgenden Fragen: (Schreiben Sie diese Leitfragen für alle sichtbar auf.)

◆ Gibt es Gebote, die von den Teilnehmern unterschiedlich bewertet werden?

◆ Wie würden meine Eltern reagieren, wenn sie mich bisher in dieser Sitzung beobachtet hätten?

Nun kommt wieder in den großen Kreis zurück, damit wir die Übung gemeinsam auswerten können.

Auswertung:
– Wie hat mir diese Übung gefallen?
– Was war besonders wichtig für mich?
– Wie kann ich mich mit den Eltern über solche Gebote auseinandersetzen, die ich ablehne?
– Spreche ich mit Gleichaltrigen über meine eigenen Wertvorstellungen?
– Wann sind Gebote nützlich?
– Wann sind sie schädlich für mich?
– Gibt es etwas, was ich früher für eine Forderung Gottes hielt, was ich heute aber nicht mehr als solche ansehe?
– Was möchte ich sonst noch sagen?

Variation: Wenn Sie die Arbeit zum Willen Gottes weiter fortsetzen wollen, können Sie im Anschluß an diese Übung die zehn Gebote auf dieselbe Weise wie hier bewerten und besprechen lassen.

Übung: Gottes Willen hören

Ziele: Ich kann andere Leute nur so gut verstehen, wie ich mich selbst verstehe. Ich kann mein Einfühlungsvermögen verfeinern, wenn ich mich häufiger in andere hineinversetze und entsprechende Rückmeldung bekomme, wieweit ich die innere Wirklichkeit des anderen richtig verstanden habe.

Um Möglichkeit und Schwierigkeit kennenzulernen, wie wir den aktuellen Willen Gottes erfahren können, sollen die Teilnehmer sich in einem Phantasieexperiment mit Gott versuchsweise identifizieren.

Material: Papier und Bleistift.

Anleitung: Was Gottes Wille ist, darüber macht die Bibel einige Aussagen. Für viele Probleme, die uns heute beschäftigen, finden wir keine direkten Antworten in der Bibel. Wir müssen selbst herausfinden, was Gott wohl in der einen oder anderen Situation von uns erwartet. Ich möchte euch Gelegenheit geben, den Zusammenhang zwischen unserem Willen und Gottes Willen etwas tiefer zu verstehen.

Setzt euch bequem hin und schließt die Augen... Atmet ein wenig tiefer als gewöhnlich... (20 Sek.)

Spannt jetzt alle Muskeln eures Körpers so stark an wie möglich... und laßt los... (20 Sek.)

Wiederholt das; spannt alle Muskeln so kräftig an, wie ihr könnt... und laßt wieder los... (10 Sek.)

Nun spannt die Muskeln eures Körpers ein letztes Mal mit aller Kraft an ... und laßt wieder los... (10 Sek.)

Atmet jetzt zehnmal tief ein und aus. Zählt jedes Mal, wenn ihr einatmet... (ca. 90 Sek.)

Stellt euch jetzt vor, daß ihr auf einem fliegenden Teppich sitzt und mit einer Tarnkappe ausgerüstet seid... Ihr habt Gelegenheit, jeden Platz der Welt aufzusuchen und zu sehen, was in der Welt geschieht. Fliegt zunächst einige Übungsrunden...

Steigt in eurem fliegenden Teppich auf, unsichtbar, wie ihr seid, und geht in eine Höhe von ca. 500 Metern. Ihr sitzt ganz sicher auf dem Teppich und zieht zunächst langsam eine Runde über eurer Heimatstadt... Seht die Straßen und Plätze, die Kirchen und die vielen Häuser...

Laßt den Teppich jetzt ein wenig höher steigen, so daß ihr allmählich immer mehr von der Umgebung eurer Stadt seht... Ihr steigt höher und höher, und der Zauberteppich verhindert, daß euch evtl. kalt oder schwindelig wird…

Ihr seht allmählich ganz Deutschland unter euch liegen wie auf einem Satellitenfoto… Ihr erkennt die großen Flüsse, die angrenzenden Meere… Steigt höher und höher und seht nun ganz Europa unter euch…

Jetzt laßt den Teppich langsam nach Westen ziehen. Ihr fliegt über die Nordsee, über England und Irland hinweg quer über den Atlantik nach Amerika… Ihr seht Amerika unter euch und fliegt weiter über den Pazifischen Ozean nach Asien… Ihr fliegt weiter und kommt wieder an euren Ausgangspunkt zurück…

Ihr habt gesehen, daß ihr mit dem fliegenden Teppich in jeder beliebigen Höhe und in jeder beliebigen Geschwindigkeit fliegen könnt. Ich möchte es jetzt euch überlassen, selbst zu entscheiden, welche Gegenden der Erde ihr aufsuchen wollt. Stellt dabei sicher, daß ihr einen guten Eindruck davon bekommt, wie die Menschen leben und was sie miteinander tun. Wo seht ihr glückliche Menschen? Wo seht ihr traurige Menschen? Was hoffen die Menschen, die ihr seht? Was fürchten sie? Findet möglichst viel darüber heraus, wie die Menschen miteinander in diesem Augenblick leben. Ihr habt für eure Inspektionsreise drei Minuten Zeit…

Eure drei Minuten sind um, und ich möchte, daß ihr jetzt Gott aufsucht, um ihm von euren Erfahrungen zu berichten… (10 Sek.)

Ihr seid jetzt in der Nähe Gottes… Erzählt ihm, was ihr gesehen habt… (1 Min.)

Nun hört, was Gott euch antwortet. Er beginnt mit den Worten: „Ich will dir sagen, was ich von den Menschen möchte…" Und er sagt dir dann in einem Satz seinen Willen…

Merke dir den Satz, wenn du dich gleich von Gott verabschiedest. Was sagst du Gott zum Abschied?…

Jetzt kehre langsam auf deinem Teppich zurück in diesen Raum. Du hast ein paar Augenblicke Zeit, um mit deinem Bewußtsein langsam zur Gruppe zurückzukehren… (30 Sek.)

Öffnet nun eure Augen und schaut euch in der Gruppe um… Notiert den Satz, den Gott zu euch gesagt hat…

Kommt jetzt in Vierergruppen zusammen und berichtet von euren Erfahrungen. Lest euch dann den Satz vor, den ihr gehört habt, und sprecht miteinander darüber. Behaltet dabei folgende Fragen im Gedächtnis:
(Notieren Sie diese Leitfragen für alle sichtbar:)

◆ Wie kann ich herausfinden, ob ich sonst Gottes Stimme oder meine eigene höre?

◆ Wie stehe ich zur Forderung Gottes?

Ihr habt für euer Gespräch zehn Minuten Zeit...
(Lassen Sie zu Beginn des abschließenden Auswertungsgesprächs jeden Teilnehmer seinen Satz vom Willen Gottes vorlesen.)

Auswertung:
– Wie hat mir diese Übung gefallen?
– Was habe ich mir auf der Welt besonders gründlich angesehen?
– Konnte ich Gottes Stimme deutlich hören?
– Wie breit ist das Spektrum aller Willenserklärungen Gottes?
– Wie kann man feststellen, wer den Willen Gottes am klarsten erkannt hat?
– Wie kann ich zwischen Gottes Willen und meinem eigenen unterscheiden?
– Wie kann ich nach dem Willen Gottes handeln, ohne meinen eigenen Willen zu verraten?
– Was möchte ich sonst noch sagen?

Hinweise: Die Teilnehmer sollten Erfahrungen mit Phantasieübungen gesammelt haben.

Übung: Indirektes Nein

Ziele: Eine Möglichkeit, der Konfrontation mit einem fremden Willen aus dem Weg zu gehen, finden wir in dem „Anpasse-Spielchen". Ich sage dem anderen nicht, was ich wirklich will, um mir sein Wohlwollen nicht zu verscherzen. Ich erwecke darum den Anschein, als ob ich mich seinem Willen angleiche. Innerlich denke ich: „Ich werde auf keinen Fall tun, was du willst, du Schuft!" Wir spielen das Anpasse-Spielchen mit anderen Menschen und natürlich auch mit Gott. Wir bezahlen dafür mit einem Verlust an Selbstachtung, Freiheit und Glück.

In dieser Übung können die Teilnehmer lernen, ihre eigenen Anpasse-Spielchen besser zu verstehen und vielleicht weniger abhängig von ihnen zu sein.

Material: Papier und Bleistift, Kopie des Gleichnisses von den ungleichen Söhnen (Matthäus 21, 28–31) für jeden Teilnehmer.

Anleitung: Was es heißt, „dein Wille geschehe", wird unter anderem auch bei Matthäus erläutert. Der Text lautet…

Wir verhalten uns oft nach dem Muster des ersten Sohnes. An der Oberfläche sind wir nachgiebig, und im Innern sprechen wir ein hartes Nein, das uns zum Teil selbst unbewußt ist. Ich möchte euch vorschlagen, daß wir uns mit diesem Verhalten beschäftigen.

Denkt an ein Ereignis, wo ihr euch genauso verhalten habt, daß ihr nämlich Ja gesagt und das Versprochene dann doch nicht getan habt. Schreibt auf, wie sich die ganze Sache zugetragen hat. Wer außer euch war beteiligt? Was wollte der Betreffende von euch, den ihr mit dem oberflächlichen Ja reingelegt habt? Was habt ihr innerlich dabei gedacht? Wie ist die ganze Sache ausgegangen?

Schreibt die Geschichte, wie ihr sie erlebt habt. Schreibt euren Namen nicht auf das Papier. Ihr habt zehn Minuten Zeit für diese Aufgabe…

Jetzt stoppt und kommt in Sechsergruppen zusammen…

Legt eure Papiere mit der beschriebenen Seite nach unten in die Mitte eures kleinen Kreises und bringt sie ein wenig durcheinander, so daß nicht mehr klar ist, wer welches Papier geschrieben hat… Einer von euch soll nun die Rolle des Vorlesers übernehmen. Er nimmt ein Papier vom Stapel und liest die Geschichte vor. Dann raten alle, wer von euch die Geschichte geschrieben haben könnte. Dabei ist wichtig, daß ihr begründet, wie ihr zu dieser Vermutung gekommen seid. Wenn ihr herausgefunden habt, von wem jede Geschichte stammt, sprecht darüber, was passiert wäre, wenn ihr statt des oberflächlichen Ja damals ein ehrliches Nein gesagt hättet. Habt bei dieser Diskussion dann die folgenden Fragen im Auge:

(Schreiben Sie diese für alle sichtbar auf:)

◆ Was wollte ich durch mein Ja erreichen?

◆ Welchen Preis zahle ich für mein Anpasse-Spielchen?

Ihr habt für eure Kleingruppenarbeit 30 Minuten Zeit...
Kommt nun in den großen Kreis zurück, damit wir die Übung gemeinsam auswerten können...

Auswertung:
– Wie hat mir diese Übung gefallen?
– Was war besonders wichtig für mich?
– Mit welchen Menschen spiele ich am häufigsten dieses Anpasse-Spielchen?
– Welche Erfahrungen habe ich bisher mit einem klaren Nein gemacht?
– Welche Anpasse-Spielchen spiele ich mit Gott?
– Aus welchen Gründen bin ich in diese Gruppe gegangen? (Hier sollte reihum jeder antworten.)
– Was möchte ich sonst noch sagen?

Hinweise: Wenn Sie sich über die Dynamik der Anpasse-Spielchen gründlicher informieren wollen, lesen Sie das Buch von Fritz Perls: „Gestalttherapie in Aktion."

Variation: Statt die Teilnehmer raten zu lassen, wer der Autor einer Geschichte ist, können die Geschichten auch lediglich vorgelesen und die Reaktionen darüber ausgetauscht werden.

Das Gleichnis von den ungleichen Söhnen

Was dünkt euch aber? Es hatte ein Mann zwei Söhne und ging zu dem ersten und sprach: Mein Sohn, gehe hin und arbeite heute im Weinberge. Er antwortete aber und sprach: Ja, Herr! und ging nicht hin.

Und er ging zu dem anderen und sprach gleich also. Der antwortete aber und sprach: Ich will's nicht tun. Danach reute es ihn, und er ging hin.

Welcher unter den zweien hat des Vaters Willen getan?

Sie sprachen: Der letzte. Jesus sprach zu ihnen: Wahrlich, ich sage euch: Die Zöllner und Huren mögen wohl eher ins Reich Gottes kommen als ihr.
(Matthäus 21, 28–31)

KAPITEL 8
UNSER TÄGLICHES
BROT GIB UNS HEUTE

THEOLOGISCHE AKZENTE

Das Wunder ist nicht,
auf dem Wasser zu gehen,
sondern auf der Erde.
(Thich Nhat Hank)

Ich habe eben das Rezept für Couscous aufgeschrieben, weil ich Lust hatte, wenigstens in der Phantasie etwas zu essen. Jetzt fühle ich mich wieder gesättigt, um meine Gedanken zu den angebotenen Übungen mitzuteilen.

„Der Mensch ist, was er ißt", heißt es. In der Tat: Kaum etwas charakterisiert den Menschen mehr als das, was er ißt und wie er ißt. Hat er Zeit für sich selbst und für andere, oder schlingt er sein Essen hastig hinunter? Achtet er auf das, was in ihn hineingeht, oder schluckt er alles, was ihm vorgesetzt wird? Kann er Nuancen wahrnehmen, oder ist ihm gleichgültig, wovon er satt (gemacht) wird? Ißt er mehr, als er eigentlich will, oder weiß er, wo für ihn das richtige Gleichgewicht liegt?

Das Alte und das Neue Testament sind voller Erzählungen vom Essen. Das beginnt im Schöpfungsbericht, wo die „Frucht der Erkenntnis von Gut und Böse" gegessen wird, und endet mit den „Früchten des Lebens" (Offbarung 22, 2). Abrahams Gastfreundschaft im Hain Mamre (Genesis 18), wo er Sarah den Küchenzettel anweist, wird gepriesen. Und es gilt die Verheißung, mit den Vätern zu Tische zu sitzen (Matthäus 8, 11); „Brot des Lebens" wird geboten.

Jesus wird ein „Fresser und Weinsäufer" genannt (Matthäus. 11, 19). Das Johannes-Evangelium weiß davon zu berichten, daß Jesus genießen konnte (Johannes 12, 1–8). Das Anstößigste, was er tun konnte, war, mit den Zöllnern und Huren zusammen zu essen und zu genießen.

In unserer Kultur, zu der Schnellimbißstuben und Brathendl-Stationen gehören, ist von der tiefen Bedeutung des Essens nur noch wenig zu spüren. Das Wissen darum klingt wie ein Märchen aus uralten Zeiten; und in den Märchen geht es auch häufig ums Essen: Da bleibt etwas im Halse stecken, da frißt der Wolf die Geislein oder die Großmutter.

Unsere Sprache hat noch einiges davon erhalten, wie zum Beispiel den Ärger, der auf den Magen schlägt. Der Körper reagiert auf das, was seelisch passiert.

Die Bitte um das tägliche Brot weist über das Brot hinaus. Es geht um alle meine physischen und psychischen Bedürfnisse. Es kann der Wunsch sein, berührt zu werden oder zu berühren. Wenn ich etwas begreifen will, dann sollte ich es begreifen können mit den Fingern, mit den Augen, mit der Phantasie.

Im Essen können wir darüber hinaus erkennen, wie das Leben des einzelnen und sein sozialer Kontext miteinander verwoben sind. Indem wir – weit abseits von dem, was unser Körper wirklich braucht – täglich gedankenlos essen, haben wir Anteil am Hunger der Welt. Vielleicht lernen wir wieder zu fasten, um unserer und der anderen willen.

Bei der Bitte um das tägliche Brot geht es um das Gleichgewicht der Schöpfung, in mir und in meiner Welt. Ich kann die Natur wahrnehmen und meine soziale Umwelt. Das Gespräch mit Gott kann mich feinfühliger machen für dieses Gleichgewicht.

ZUR EINSTIMMUNG DES LEITERS

Was heißt denn täglich Brot?
Alles, was zur Leibesnahrung und -notdurft gehört, als:
Essen, Trinken, Kleider, Schuh,
Haus, Hof, Äcker, Vieh, Geld, Gut,
fromm' Gemahl, fromme Kinder, fromm' Gesinde,
fromme und getreue Oberherrn, gut' Regiment,
gut' Wetter, Friede, Gesundheit, Zucht, Ehre,
gute Freunde, getreue Nachbarn und dergleichen.
(Luthers Auslegung im Kleinen Katechismus zur vierten Bitte.)

Zum täglichen Brot gehören also unsere grundlegenden physischen und psychischen Bedürfnisse.

Wir möchten Sie jetzt einladen, einen Teil dieser Bedürfnisse exemplarisch zu befriedigen. Ein Bereich Ihres Körpers, der häufig vernachlässigt wird, sind Schultern und Nacken. Damit sich diese Teile auch einmal wohl fühlen können, bieten wir Ihnen folgendes Experiment an:

Sorgen Sie dafür, daß dieser Teil Ihres Körpers, der oft verspannt ist, eine leichte Massage erhält. Diese Massage können wir uns selbst nicht auf befriedigende Weise geben. Versuchen Sie daher gleich, irgendeinen Menschen in Ihrer Umgebung zu finden, der bereit ist, Ihnen diese Wohltat zu erweisen. Lassen Sie sich sitzend massieren und teilen Sie dem anderen mit, wie diese Massage für Sie besonders angenehm ist.

Sprechen Sie anschließend mit dem Betreffenden über das Experiment...

Wenn Sie jetzt keinen Partner finden, holen Sie dieses Experiment so bald wie möglich nach.

Übung: Mein Körper

Ziele: Verantwortlich für den eigenen Körper zu sorgen bzw. den eigenen Körper ernst zu nehmen als Partner von Kopf und Herz, gehört ebenfalls zu den wichtigen Aufgaben des Erwachsenwerdens und -seins. Bedauerlicherweise gibt es im christlichen Abendland eine lange Tradition, die den Körper abgewertet hat. Wir müssen deshalb beginnen, unseren Körper als Bestandteil von Gottes Schöpfung neu zu achten.

In der folgenden Übung sollen die Teilnehmer angeregt werden, sich über wichtige Einstellungen zum Körper klarer zu werden.

Material: Formular „Mein Körper".

Anleitung: Die vierte Bitte im Vaterunser lautet: „Unser tägliches Brot gib uns heute." Wenn wir Gott um unser tägliches Brot bitten, schließt das ein, daß wir auch selbst in angemessener Weise für unseren Körper sorgen. Viel zu oft behandeln wir unseren Körper wie eine Maschine und nicht wie unseren besten Freund.

Deshalb möchte ich euch heute anregen, daß ihr euch einmal bewußt macht, wie ihr zu eurem Körper steht. Ich habe für euch ein Formular vorbereitet und bitte euch, dieses Formular jetzt auszufüllen. Ihr habt dazu 15 Minuten Zeit…

Überlegt nun einen Moment, mit welchem Gruppenmitglied ihr euch austauschen wollt… Einigt euch jetzt, wer mit wem in der nächsten Viertelstunde zusammenarbeiten will… Setzt euch zusammen und sprecht miteinander über eure Notizen. Ihr habt 15 Minuten Zeit…

Kommt jetzt wieder zum großen Kreis zurück, damit wir die Übung gemeinsam auswerten können…

Auswertung:
– Wie hat mir diese Übung gefallen?
– Was war besonders wichtig für mich?
– Welche Einstellung finden wir im Alten Testament zum Körper?
– Welche Einstellung finden wir im Neuen Testament zum Körper?
– Welche Einstellung hat unsere abendländische Gesellschaft zum Körper?
– Kenne ich eine Kultur, die eine besonders achtungsvolle Einstellung zum menschlichen Körper hat?
– Wer in unserer Gruppe hat eine besonders achtungsvolle Einstellung zu seinem Körper?

- Was möchte mein Körper **jetzt** am liebsten tun?
- Was habe ich mir für die Zukunft in bezug auf meinen Körper vorge-
  nommen ? (Hier sollten möglichst alle reihum antworten.)
- Was möchte ich sonst noch sagen?

Hinweise: Wenn es die Zeit erlaubt, sollten Sie eine kleine Körper-
Übung anbieten, zum Beispiel die Massage von Nacken und Schultern,
wie Sie sie hoffentlich selbst genießen konnten.

Mein Körper

Meinen Körper finde ich selbst ....

Am meisten mag ich an meinem Körper mein(e/en) ....

Am wenigsten mag ich mein(e/en) ....

Von allen Teilen meines Körpers kann ich mich am meisten verlassen auf

....

Von allen Teilen meines Körpers kann ich am ehesten verzichten auf ....

Bei der Arbeit gebrauche ich von meinem Körper hauptsächlich ....

In der Freizeit gebrauche ich hauptsächlich ....

Zuhause gebrauche ich hauptsächlich ....

In dieser Gruppe schätzen einige mein(e/en) ....

Was meine Hände am liebsten tun, ist ....

Was meine Füße am liebsten tun, ist ....

Was meine Augen am liebsten tun, ist ....

Meine Ohren hören am liebsten ....

Wenn mein Körper nicht aus Fleisch, Blut und Knochen bestünde, dann sollte er

aus ....

Wenn mein Körper sich bei meinem Kopf beklagen könnte, würde er folgende

Beschwerde vortragen: ....

Was tue ich, damit mein Körper gesund bleibt? ....

Womit schade ich meinem Körper am meisten? ....

Was war die schlimmste Krankheit (der schlimmste Unfall), die (den) ich hatte?

....

Habe ich oft Unfälle? ....

In Zukunft will ich für meinen Körper besser sorgen, indem ich ....

....

....

Datum: ....   Unterschrift: ....

Übung: Bewußt essen

Ziele: Wir haben gegenwärtig zum Glück nicht das Problem, daß wir zu wenig zu essen haben. Wir essen eher zuviel, wir essen die falsche Nahrung, und wir essen ohne ausreichendes Bewußtsein. Dazu gehört auch, daß wir oft zu hastig essen und zu wenig sorgfältig kauen. Auf diese Weise bleibt der Kontakt zur Nahrung oberflächlich, und wir genießen Struktur und Aroma der Nahrung zu wenig. Unsere Frustration beim Essen gleichen wir dann möglicherweise durch eine überhöhte Nahrungsaufnahme aus. Diese Übung soll die Teilnehmer darauf aufmerksam machen, daß sie viel intensiver genießen können, wenn sie die Nahrung langsamer und bewußter aufnehmen.

Material: Frisches Brot; Papier und Bleistift.

Anleitung: Heute möchte ich euch mit einer kleinen Übung überraschen, ohne daß ich vorher andeute, worum es geht.

Setzt euch bequem hin und schließt die Augen... Haltet sie so lange geschlossen, bis ich euch sage, daß ihr sie wieder öffnen könnt. Haltet beide Hände zu einer Schale geöffnet in eurem Schoß. Bleibt ruhig so sitzen... Ich werde gleich herumgehen und jedem von euch etwas geben. Bitte sprecht während der Übung nicht, damit ihr euch und die anderen nicht stört. Das, was ich euch gebe, könnt ihr betasten und beriechen. Macht aber weiter noch nichts damit...

(Geben Sie jedem Teilnehmer einen Brocken des frischen Brotes, etwa von der Größe eines Hühnereis. Sorgen Sie dafür, daß jedes Stück aus weichem Teig und harter Rinde besteht.)

Fangt jetzt langsam an, das Brot zu essen. Haltet weiter die Augen geschlossen und kaut jeden Bissen so lange, bis sich das Brot in eurem Mund vollständig verflüssigt hat. Konzentriert euch dabei auf das Essen und auf eure Wahrnehmungen... (ca. 5 Min.)

Ihr sollt gleich etwas über eure Erfahrungen schreiben. Das kann ein kleines Gedicht sein, das sich nicht reimen muß, oder es kann ein kurzer Bericht sein. In beiden Fällen sollte eure Aufzeichnung nicht mehr als sieben Sätze haben.

Öffnet jetzt eure Augen, nehmt euch etwas zum Schreiben und konzentriert euch für zehn Minuten auf euren Bericht...

Nun kommt wieder zum großen Kreis zurück... Ich schlage vor, daß ihr in einem Rundgang eure Aufzeichnungen vorlest und daß wir dann anschließend darüber sprechen. Wer möchte beginnen?…

Auswertung:
- Wie hat mir diese Übung gefallen?
- Was war besonders wichtig für mich?
- Wie schnell esse ich normalerweise?
- Esse ich zuviel oder zuwenig?
- Faste ich manchmal?
- Halte ich mich eher für einen Feinschmecker oder für einen Vielfraß?
- Welchen Zusammenhang erkenne ich zwischen der vierten Bitte des Vaterunsers und dieser Übung?
- Welche Aufzeichnung hat mir besonders gut gefallen? Wer hat die Übung so ähnlich erlebt wie ich?
- Habe ich Lust, mit der ganzen Gruppe einmal ein „Festmahl für bewußtes Essen" zu feiern?
- Mit wieviel Sorgfalt und Kochkunst werden bei mir zu Hause Speisen bereitet?
- Möchte ich etwas an unseren familiären Eßgewohnheiten ändern? Wie kann ich das tun?
- Was möchte ich sonst noch sagen?

Hinweise: Diese Übung sollte auf keinen Fall unmittelbar nach einer Mahlzeit durchgeführt werden.
Wenn einzelne Teilnehmer, die solche Übungen nicht gewohnt sind, ihre Verlegenheit durch Kichern ausdrücken, zeigen Sie Ihr Verständnis. („Dies ist sicher sehr ungewohnt für euch…" etc.)

Übung: Gemeinsam essen

Ziele: In dieser Übung haben die Teilnehmer Gelegenheit, gemeinsam eine Mahlzeit zuzubereiten und zu essen. Sie lernen auf diese Weise, stereotype Verhaltensweisen in bezug auf Essenszubereitung und Essen zu durchbrechen. Sie sehen, daß Essen mehr sein kann als bloße Nahrungsaufnahme und daß Essen und zwischenmenschliche Kommunikation sich gegenseitig bereichern.

Material: Ein Exemplar des Couscous-Rezeptes für jeden Teilnehmer sowie die dort angegebenen Lebensmittel.

Anleitung: Verabreden Sie sich mit den Teilnehmern zu einem gemeinsamen Essen und legen Sie vorher fest, in welcher Weise die notwendigen Lebensmittel besorgt werden. (Die arabischen Lebensmittel können in türkischen und griechischen Geschäften gekauft werden.) Rechnen Sie für die Zubereitung des Essens mit ca. einer Stunde.

Einige Teilnehmer sollten den Tisch phantasievoll schmücken und für passende Musik sorgen.

(Bei dieser Übung erübrigt sich eine Auswertung.)

Übung: Der Mensch lebt nicht vom Brot allein

Ziele: Genauso wichtig wie ausreichende und geschmackvolle Nahrung ist es für uns, daß unser Körper genügend oft zärtlich berührt wird. Daß kleine Kinder oft gestreichelt werden müssen, wenn sie am Leben bleiben sollen, ist heute weitgehend bekannt. Daß auch Erwachsene genügend liebevolle Zärtlichkeit brauchen, wird übersehen.

Diese Übung macht die Teilnehmer darauf aufmerksam, wie schön es ist, berührt zu werden, und hilft ihnen, mit einem weitverbreiteten Vorurteil aufzuräumen, daß nämlich Berührung meist in erotisch-sexueller Absicht erfolge.

Material: Wenn kein Teppichfußboden vorhanden ist, brauchen Sie einige Decken.

Anleitung: „Unser tägliches Brot gib uns heute" bezieht sich für mich nicht nur darauf, daß mein Hunger nach Essen und Trinken gestillt, sondern daß auch mein Bedürfnis nach Berührung befriedigt wird. Jeder Mensch hat ein angeborenes Bedürfnis danach. Damit ihr besser versteht, was ich meine, möchte ich euch folgende Übung vorschlagen: Kommt bitte in Vierergruppen zusammen mit Teilnehmern, deren Nähe euch angenehm ist…

Nacheinander soll sich jedes Mitglied eurer kleinen Gruppe mit geschlossenen Augen auf die Decke am Boden legen. Legt dabei vorher Brillen oder dicke Jacken ab. Die Aufgabe der anderen drei Gruppenmitglieder ist es, den Betreffenden zu streicheln, zu massieren, zu kneten, zu bewegen usw. Versucht, dem Betreffenden das zu geben, was ihm wohltut und was er im Alltag vielleicht zu wenig bekommt. Ihr könnt ihm ansehen, ob er sich wohl fühlt oder ob er sich ängstigt. Vermeidet auf jeden Fall, ihm Angst zu machen.

Ich möchte, daß ihr während der Übung nicht miteinander redet, damit sich die aktiven Drei ganz auf ihre Hände und auf den Körper des vierten Gruppenmitgliedes konzentrieren können und damit dieser nicht abgelenkt, sondern möglichst entspannt genießen kann, wie er von den anderen verwöhnt wird. Habt ihr verstanden, was ich meine?…

Ihr habt insgesamt 20 Minuten Zeit. Versucht, die Zeit einigermaßen gerecht untereinander aufzuteilen. Am Ende der 20 Minuten werde ich euch ein Zeichen geben; dann könnt ihr miteinander über eure Erfahrungen sprechen…

Setzt euch jetzt in eurer kleinen Gruppe zusammen und sprecht miteinander über das, was ihr erlebt habt. Behaltet dabei folgende Fragen im Auge: (Schreiben Sie diese Leitfragen für alle sichtbar auf.)

◆ Welche Art der Berührung hat mir am besten gefallen?

◆ Habe ich irgendwann Angst bekommen oder mich unsicher gefühlt?

Ihr habt für euer Gespräch jetzt 15 Minuten Zeit…
Jetzt kommt im großen Kreis zusammen, damit wir die Übung gemeinsam auswerten können…

Auswertung:
− Wie hat mir diese Übung gefallen?
− Was war besonders wichtig für mich?
− War es für mich schöner, aktiv oder passiv zu sein?
− Hatte ich genügend Vertrauen zu den drei Teilnehmern?
− Worauf gründete dieses Vertrauen?
− Habe ich über einen Teilnehmer etwas Neues erfahren?
− Wie fühlt sich mein Körper jetzt an?
− Wenn ich wählen müßte zwischen einem guten Essen und einer solchen Berührungserfahrung: wofür würde ich mich entscheiden?
− Was möchte ich sonst noch sagen?

Hinweise: Rechnen Sie auch hier damit, daß einzelne Teilnehmer ihre Verlegenheit möglicherweise durch Kichern und Lachen ausdrücken, und reagieren Sie auch hier, wie in Übung Nr. 30 beschrieben.

Rezept für Couscous

Couscous besteht aus drei Teilen:

1. aus einem kleingraupeligen Weizenprodukt, Semoule (sprich: Smul) oder Couscous genannt. Man kann es auf zweierlei Weise zubereiten:

- Für sechs bis acht Personen gibt man 300 g Couscous in einen Topf und übergießt ihn mit der doppelten Menge an kochendem Wasser (am besten mit der Tasse abmessen) und gibt zwei Eßlöffel Öl oder Butter dazu. Der Topf muß zugedeckt und 20 bis 30 Minuten warmgestellt werden. Von Zeit zu Zeit umrühren, damit der Couscous nicht klumpt!

- Man kann den Couscous aber auch in drei Liter kaltes Wasser einstreuen und dann 15 Minuten quellen lassen. Dann wird er in ein großes Sieb geschüttet, das man über einen passenden Topf mit kochendem Wasser hängen kann und mit einem Deckel bedeckt. Durch den aufsteigenden Dampf wird der Couscous erwärmt (ca. 30 Min.).

2. aus einer Gemüse-Fleisch-Brühe mit folgenden Zutaten:
Ein zerlegtes Huhn (nach Möglichkeit frisch und nicht tiefgefroren), 800 g Hammelragout, 500 g Möhren, 500 g Tomaten (oder geschälte Tomaten aus der Dose), zwei bis drei Paprikaschoten, ein bis zwei Auberginen, zwei bis drei Zucchini, zwei bis drei Kohlrabis oder Rettiche, sechs große Knoblauchzehen, 250 g Kichererbsen (müssen über Nacht eingeweicht und mit etwas Knoblauch in Wasser vorgekocht werden, etwa 30 Minuten im Schnellkochtopf).
Das Fleisch und das kleingeschnittene Gemüse samt Knoblauch und Kichererbsen werden mit Salz und Pfeffer in genügend Wasser (ungefähr drei Liter) weichgekocht. Es können auch andere Gemüsesorten verwendet werden, auf keinen Fall jedoch Lauch oder Kraut, das den Geschmack der anderen Zutaten überdecken würde.

3. aus einer Soße, die zu einem Drittel aus Harissa besteht (einem extra scharfen Pfeffer, es kann auch Sambal-Olek sein) und zu zwei Dritteln aus Fleisch-Gemüse-Brühe. Da dieses Gewürz sehr scharf ist, sollte nur wenig angemischt und in einem Eierbecher serviert werden.

Jeder kann sich jetzt sein Gericht selbst zusammenstellen, Couscous, Brühe und Soße. Wenn er möchte, würzt er es abendländisch mild oder arabisch scharf, so daß es beim Atmen „raucht". Dazu trinkt man am besten Cidre, einen leichten französischen Apfelwein, wobei der herbe Cidre den Erwachsenen meist besser schmeckt.

Übung: Was ich mir nicht selbst geben kann

Ziele: Wie der reiche Kornbauer begegnen wir unserer Unsicherheit dadurch, daß wir für die Zukunft planen und uns auf verschiedene Weise abzusichern suchen: durch eine gute Ausbildung, durch den Erwerb von Wertpapieren und Immobilien, durch das Anlegen von Vorräten. Auf diese Weise verlieren wir leicht den Kontakt zu uns selbst, zu unserem Körper und unserer Seele; beide leben augenblicksbezogen, denn meine Gefühle kann ich immer nur im Augenblick erleben, und meinen Körper kann ich ebenfalls nur im Augenblick empfinden.

Das Problem besteht für jeden Menschen darin, zu einer Balance zu kommen zwischen der oft zukunftsorientierten Aktivität des Kopfes und den gegenwartsorientierten Bedürfnissen von Herz und Körper. Physisch und psychisch „satt machen" können mich nur die angemessen befriedigten Bedürfnisse von Körper und Herz.

Die Teilnehmer sollen mit diesem Zusammenhang vertraut gemacht und ermutigt werden, genügend oft im Augenblick zu leben und die Grundbedürfnisse von Seele und Leib zu befriedigen, indem sie sich die kleinen Freuden des Lebens schenken und schenken lassen.

Material: Text des Gleichnisses vom reichen Kornbauern (Lukas 12, 16–20) für jeden Teilnehmer.

Anleitung: Die vierte Bitte des Vaterunsers wird durch eine Geschichte erläutert, die Lukas erzählt. Dort heißt es: (s. S.145)
Für mich liegt in diesem Text die Aufforderung des Lukas, daß wir nicht nur für die Zukunft leben sollen durch maximale Absicherung, sondern daß wir im Vertrauen auf Gott auch genügend intensiv die Gegenwart genießen können. Viele Menschen setzen sich große Ziele und opfern viele Jahre ihres Lebens, um diese Ziele zu erreichen. Aber selbst wenn sie ihre Ziele dann erreicht haben, bleiben sie unbefriedigt. Der Grund dafür ist einfach: Zu dem täglichen Brot, das wir brauchen, gehört eben nicht nur die Sicherung der Zukunft aus eigener Anstrengung, sondern die vielen kleinen und großen Geschenke, die von uns nicht geplant und für unseren Willen nicht erreichbar sind. Damit ihr diesen Zusammenhang noch klarer versteht, möchte ich folgende Übung vorschlagen:
Der Grundgedanke der Übung ist folgender: Jedem von uns fehlt etwas, jeder hat viele offene und enttäuschte Bedürfnisse mit in die Gruppe gebracht. Wir haben uns jetzt schon einigermaßen kennengelernt, so daß

wir auch voneinander besser wissen, was jedem einzelnen fehlt. Wir können auf verschiedene Weise versuchen, dem einzelnen zu zeigen, daß wir seine unbefriedigten Bedürfnisse, seinen „Hunger", kennen und ihm helfen wollen.

Wer immer sich hungrig fühlt, setzt sich auf einen Stuhl in der Mitte des Kreises und sagt den einfachen Satz: „Mir fehlt einiges. Ich möchte, daß ihr mir etwas gebt." Nun können nacheinander verschiedene Gruppenmitglieder zu dem Betreffenden gehen, um ihm etwas zu schenken. So kann zum Beispiel einer hingehen und sagen: „Ich weiß, daß dein Vater wenig Zeit hat. Ich möchte dir schenken, daß dein Vater sich mehr Zeit für dich nimmt." Ein anderer sagt vielleicht: „Ich weiß, daß du wissen möchtest, wie du auf andere wirkst. Ich will dir jetzt sagen, wie du auf mich wirkst. Am Anfang mochte ich dich gar nicht, aber seit dem letzten Treffen finde ich dich liebenswert." Oder wieder ein anderer Teilnehmer sagt vielleicht: „Ich weiß, daß du gern eine Freundin haben möchtest und dir Zärtlichkeit wünschst. Mein Geschenk ist, daß ich dich einen Augenblick zärtlich in meine Arme nehme."

Wenn der Betreffende merkt, daß er für den Augenblick „satt" geworden ist, kann er sagen: „Ich bin im Augenblick satt und danke euch für alles, was ihr mir gegeben habt." Er kehrt dann auf seinen Platz im Kreis zurück, so daß ein anderer in die Mitte gehen kann. Es ist jedoch auch möglich, daß einer, der sich in die Mitte gesetzt hat, nicht satt geworden ist durch unsere Geschenke. Dann kann er zwei Gruppenmitglieder um etwas Bestimmtes bitten. Die Angesprochenen müssen dann entscheiden, ob sie ihm das schenken wollen oder nicht.

Habt ihr alles verstanden?...

Wer möchte als erster in die Mitte gehen?...

(Lassen Sie ausreichend Zeit für die Auswertung. Sie können – wenn die Teilnehmer die Grundidee dieser Übung verstanden haben – auch in anderen Arbeitseinheiten für eine begrenzte Zeit diese Übung fortsetzen, um einigen aktuell besonders Hungrigen Gelegenheit zu geben, „satt" zu werden.)

Auswertung:
- Wie hat mir diese Übung gefallen?
- Was war besonders wichtig für mich? Bin ich in die Mitte gegangen?
- Was hat mich ermutigt, in die Mitte zu gehen? Was hat mich davon abgehalten?
- Fällt es mir leicht zuzugeben, daß ich hungrig bin?
- Fällt es mir leicht, mir von anderen etwas schenken zu lassen? Muß ich mir das meiste selbst „erarbeiten"?
- Bin ich so oft, wie ich wollte, zu den Gruppenmitgliedern in die Mitte gegangen?
- Fällt es mir leicht, anderen etwas zu schenken?
- Wenn ich in der Mitte war: Habe ich etwas Überraschendes bekommen bzw. habe ich das bekommen, was wirklich wichtig für mich war?
- Nehme ich mir normalerweise genügend Zeit, um herauszufinden, worauf ich hungrig bin?
- Lebe ich zu sehr für die Zukunft?
- Was möchte ich ändern?
- Was möchte ich sonst noch sagen?

Hinweise: Diese Übung betont den Zusammenhalt der Gruppe. Voraussetzung ist allerdings, daß die Teilnehmer gut miteinander vertraut sind und daß keine verdeckten schweren Konflikte vorhanden sind.

Das Gleichnis vom reichen Kornbauern

Und er sagte ihnen ein Gleichnis und sprach: Es war ein reicher Mensch, des Feld hatte wohl getragen. Und er dachte bei sich selbst und sprach: Was soll ich tun? Ich habe nicht, wo ich meine Früchte hin sammle. Und sprach: Das will ich tun: Ich will meine Scheunen abbrechen und größere bauen und will darein sammeln all mein Korn und meine Güter und will sagen zu meiner Seele: Liebe Seele, du hast einen großen Vorrat auf viele Jahre; habe nun Ruhe, iß, trink und habe guten Mut!

Aber Gott sprach zu ihm: Du Narr! Diese Nacht wird man deine Seele von dir fordern; und wes wird's sein, das du bereitet hast?
(Lukas 12, 16–20)

KAPITEL 9
UND VERGIB UNS
UNSERE SCHULD,
WIE AUCH WIR
VERGEBEN UNSERN
SCHULDIGERN

THEOLOGISCHE AKZENTE

Der Gott sucht, sitzt im Schatten seiner Buße,
den Gott sucht, im Schatten seiner Unschuld.
(Mansur)

In einem Kurs von Pfarrern ging es neulich um den Predigttext: „Ich bin das Licht der Welt." Viel Erbauliches wurde dazu geäußert, schöne und große Worte. Ein älterer Kollege, der lange nur zugehört hatte, meinte, man könne ja auch sagen: „**Ihr** seid das Licht der Welt." Zustimmung bei den einen, Abwehr und Entsetzen bei den anderen war die Folge: „Aber das ist doch völlig unbiblisch!" – Und der Satz ist ja auch eine Zumutung: „Ihr seid das Licht der Welt." Oder ist er eine Zusage?

Manchmal scheint es freilich bequemer zu sein, nicht zu leuchten, sich klein zu stellen, die Fühler mitsamt dem Kopf einzuziehen. Es kann auch bequem sein, sich ohnmächtig zu fühlen. Die anderen haben dann Macht und Verantwortung. Ich selbst bin klein und habe nichts zu sagen.

Zwei ungewohnte, aber wesentliche Elemente von Schuld möchte ich nennen:

◆ Schuld als innere und äußere Absonderung.

Ich bin gar nicht bei mir selbst. Ich habe keinen oder nur schlechten Kontakt zu mir, zu Gott, zu den Menschen neben mir. Ich nehme nur noch einen Teil (Fragmente) an mir und an anderen wahr. Damit ist ein ganzes Stück menschlicher Existenz beschrieben. In diese Absonderung werden wir schon hineingeboren. Sie wird von Generation zu Generation weitervererbt. In unserem Handeln und Verhalten wird das Fremdsein offenkundig. Ich bin mir selbst fremd. Um eine Heimat zu haben, zu mir selbst zu kommen, muß ich mich auf den Weg machen wie der Sohn in der Fremde (Lukas 15, 18).

◆ Schuld als Gleichgültigkeit, als acedia, als Apathie.

Ich nehme meine eigenen Möglichkeiten nicht wahr. Ich bin weniger als ein Mensch. Ich bin müde und willenlos. Ich kann mich nicht freuen mit der Schöpfung dieser Erde, und ich kann nicht trauern mit den Leidenden. Ich übernehme keine Verantwortung. Ich lasse mir von anderen sagen, was ich zu tun habe. Ich werde apolitisch oder im schlimmsten Falle asozial.

Was macht das Vergeben von Schuld so schwer?

Die meisten Menschen sind sich selbst ihre strengsten Ankläger und

Richter. Auch wenn ihnen zugesagt und zugemutet wird, daß Gott größer ist als unser Herz, das uns anklagt (1. Johannes 3, 20), lassen sie sich nicht vergeben. Wenn Gottes Vergebung in mir wirken soll, muß ich auch bereit sein, mir selbst zu vergeben, wieder und wieder und wieder.

Dieser Satz klingt für viele gewiß ungewohnt und für manche unbiblisch. Aber bleiben wir einen Augenblick dabei, was er heißen kann. Er kann heißen: „Ich akzeptiere, daß ich nicht vollkommen sein muß, daß ich nie ganz sein werde. Ich vertraue darauf, daß die Vergebung Gottes groß genug ist, daß ich sie wieder und wieder in mir wirken lassen kann."

Und wie ist der Nachsatz: „wie wir vergeben unseren Schuldigern" zu verstehen? Wer darauf vertraut, daß ihm vergeben ist, und wer bereit ist, sich selbst zu vergeben, der begegnet anderen mit der gleichen inneren Haltung. Er wird keine schwarze Liste seiner Schuldiger führen (Matthäus 18). Er kann vergeben.

ZUR EINSTIMMUNG DES LEITERS

Unser Vermögen, uns eigene Schuld vergeben zu lassen, hängt auch mit unserer Fähigkeit zusammen, selbst Schuld zu vergeben. Es reicht allerdings nicht aus, nur großzügig darüber hinwegzusehen, daß der andere uns verletzt oder geärgert hat. Solide Vergebung heißt vor allem, aufrichtig mitzuteilen, auf welches Verhalten des anderen hin ich verärgert oder verletzt reagiert habe. Dazu kommt noch mein Wunsch: „Ich möchte dir wieder näher sein."

Suchen Sie jetzt unter Ihren Freunden und Bekannten eine Person aus, der Sie in der hier beschriebenen Form zu vergeben bereit sind. Wer kommt dafür in Frage?... Was hat der Betreffende getan?... Mit welchen Gefühlen haben Sie reagiert?... Wie haben Sie sich distanziert?... Wie wichtig ist es für Sie, wieder einen Schritt auf den anderen zuzugehen?... Bedenken Sie diese Fragen für ungefähr drei Minuten...

Versuchen Sie nun, in der Phantasie Ihre Empfindungen, die Sie damals nicht vollständig ausgedrückt haben, dem anderen mitzuteilen....

Haben Sie diese Empfindungen jetzt in der Phantasie so mitgeteilt, daß Sie zufrieden sind?...

Wenn das der Fall ist, dann sagen Sie dem anderen probeweise, daß Sie ihm verzeihen möchten. Hören Sie sich dabei genau zu und überprüfen Sie, ob Sie das, was Sie sagen, auch fühlen...

Unabhängig davon, was Sie jetzt innerlich bewirkt haben: Wollen Sie mit dem Betreffenden über dieses Experiment sprechen?... Wann wollen Sie das tun?...

Übung: Alligator-River

Ziele: Schuldgefühle gehören zu den schlimmen inneren Prozessen, die unser Persönlichkeitswachstum gefährden und zum Teil sogar zerstören können. Für die meisten Menschen ergibt sich der Zusammenhang: „Ich habe eine Schuld begangen – daher bin ich böse und wertlos." Von dieser Basis aus ist es sehr wahrscheinlich, daß der Betreffende erneut Dinge tut, durch die er sich anschließend noch schuldiger fühlt usw.

Viel biblischer und lebensbejahender ist eine Einstellung nach folgendem Muster: „Ich habe etwas getan, das einem Maßstab, den ich für wertvoll halte, nicht entspricht. Ich möchte das nächste Mal diesen Maßstab stärker berücksichtigen." Oder aber: „Ich habe etwas getan, das dem Maßstab eines anderen Menschen nicht entspricht. Der Betreffende sagt mir, daß ich mich schuldig gemacht habe. Ich erkenne jedoch diesen Maßstab nicht an. Ich will mich mit dem Betreffenden über unsere unterschiedlichen Maßstäbe unterhalten."

Eine erste Hilfe, mit Schuldgefühlen fertigzuwerden, besteht also darin, daß ich mir sage: „Es gibt keine Schuld ohne Maßstab. Die entscheidende Frage für mich ist: Will ich diesen Maßstab für mich akzeptieren?"

Die folgende Übung soll den Teilnehmern diesen Grundsatz ins Bewußtsein bringen und ihnen helfen, sich über eigene Maßstäbe klarzuwerden, diese in der Diskussion mit anderen zu vertreten, in Frage zu stellen und ggf. zu verändern. Dabei kommt es vor allem auf den Prozeß an, sich mit anderen über unterschiedliche Maßstäbe auseinanderzusetzen.

Material: Text der Geschichte „Alligator-River", für jeden Teilnehmer Papier und Bleistift.

Anleitung: Die fünfte Bitte im Vaterunser lautet: „Und vergib uns unsere Schuld, wie auch wir vergeben unsern Schuldigern."

Wir Menschen können vor Gott schuldig sein, vor anderen Menschen und vor uns selbst. Um Klarheit im schwierigen Bereich der Schuld zu gewinnen, empfehle ich euch, bei euch selbst anzufangen. Ihr könnt euch dazu folgendes vorstellen: Wir alle haben in uns eine richterliche Stimme, die unsere Handlungen ziemlich fortlaufend bewertet: „Das hat du gut getan." „Das war nicht richtig." „Das war unverzeihlich." „Das mußt du büßen." usw. Die Stimme des inneren Richters hat sich langsam gebildet durch die vielen Werturteile, die wir im Laufe unseres Lebens – besonders als kleine Kinder – gehört haben, von Vater und Mutter, den

Großeltern, Lehrern in der Schule, dem Helfer im Kindergottesdienst usw. Die große Gefahr besteht darin, daß wir die Stimme des inneren Richters als unfehlbar betrachten. Wir überprüfen zu wenig, ob wir dem Urteilsspruch zustimmen wollen oder nicht.

Ich möchte euch nun Gelegenheit geben, herauszufinden, was euer innerer Richter und euer eigenes Urteilsvermögen zu einer ziemlich dramatischen Geschichte meint, die sich in einem fernen Land zugetragen hat. Die Geschichte heißt „Alligator-River"...

(Erzählen Sie selbst die Geschichte, ehe Sie sie den Teilnehmern schriftlich geben.)

Überlegt einen Augenblick, mit welchen Gruppenmitgliedern ihr über diese Geschichte sprechen wollt. Die Gruppen sollten ungefähr vier Teilnehmer haben. Ihr habt fünf Minuten Zeit, um die Gruppen zu bilden...

Jetzt setzt euch mit eurer Kleingruppe zusammen und macht folgendes: Nehmt ein Stück Papier und schreibt darauf die Namen der in der Geschichte vorkommenden Personen. Schreibt an den Anfang die Person, deren Verhalten ihr am wenigsten billigt, und an das Ende die Person, deren Verhalten ihr am meisten billigt. Schreibt hinter jeden Namen den Maßstab, an dem ihr die betreffende Person gemessen habt.

Ich will euch ein Beispiel geben. Nehmen wir an, in einer anderen Geschichte kommt ein Dieb vor, der jeden bestiehlt, und ein Hausbesitzer, der diesen Dieb beim Einbruch erschießt. Dann könnte zum Beispiel jemand den Hausbesitzer auf Platz 1 setzen, weil er sein Verhalten am wenigsten billigt, und dazu schreiben: „Ich lehne es ab, jemanden zu töten." Er könnte den Dieb auf Platz 2 setzen und dazu schreiben: „Ich will niemanden bestehlen."

Habt ihr verstanden, was ich meine?...

Ihr habt zehn Minuten Zeit, um still für euch das Verhalten der Personen aus unserer Geschichte an euren Maßstäben zu messen...

Jetzt unterhaltet euch miteinander in eurer Kleingruppe und begründet eure Maßstäbe. Vergleicht sie mit den Maßstäben der anderen und fragt euch immer wieder: „Wie würde ich mich selbst tatsächlich in einer ähnlichen Situation verhalten?"

Ihr habt für euer Gespräch 30 Minuten Zeit...

Jetzt kommt bitte wieder in den großen Kreis zurück, damit wir die Übung gemeinsam auswerten können...

(Gehen Sie nacheinander die Personen der Geschichte durch und lassen Sie die Teilnehmer von unterschiedlichen Einstufungen berichten.)

Auswertung:

- Wie hat mir diese Übung gefallen?
- Was war am wichtigsten für mich?
- Wie hat mir die Diskussion in der kleinen Gruppe gefallen?
- Wie habe ich auf abweichende Einschätzungen reagiert?
- Wie weit konnte ich Gregors Verhalten mit eigenen Erfahrungen in Verbindung bringen?
- In welchem Konflikt steht Gregor?
- Was hätte die Kette der Racheaktionen stoppen können?
- Was ist für mich die Voraussetzung, anderen zu verzeihen?
- Wie stehe ich zu dem folgenden Satz: „Wenn ich meinen Ärger ausgedrückt habe, kann ich besser verzeihen"?
- Wer steckt hinter meiner Einschätzung der fünf Personen aus der Geschichte? Mein innerer Richter? Mein eigenes Urteilsvermögen? Meine Gefühle? Was möchte ich sonst noch sagen?

Hinweise: Diese Übung setzt genügend persönliche Reife der Teilnehmer voraus, auch über ihre Wertmaßstäbe im erotisch-sexuellen Bereich zu sprechen. Wenn diese gegeben ist, entwickelt sich ein außerordentlich lebendiges Gespräch.

Alligator-River

In einem fernen Land lebte ein Mädchen mit dem Namen Abigail. Sie liebte Gregor, einen jungen Mann, der auf der anderen Seite eines breiten Stromes lebte. In dem Strom gab es eine Unmenge von Krokodilen, die oft am Ufer das Vieh ins Wasser zogen, wenn es zum Trinken kam, und gelegentlich auch Frauen und Kinder, die Wasser holten oder Wäsche wuschen. Abigail hatte große Sehnsucht, Gregor wiederzusehen. Leider hatte ein schweres Unwetter die schmale Brücke über den Fluß fortgespült.

Daher ging Abigail zu Sindbad, dem Fährmann, und bat ihn, sie überzusetzen. Sindbad war dazu bereit, stellte jedoch die Bedingung: „Du mußt vorher mit mir schlafen.“ Das lehnte Abigail empört ab. Sie lief zu einem Freund, Ivan mit Namen, um ihm von ihrer mißlichen Lage zu erzählen. Ivan wollte jedoch mit der ganzen Sache nichts zu tun haben und schickte sie wieder fort.

Abigail, die große Sehnsucht nach Gregor hatte, war klar, daß sie Sindbads Forderung annehmen mußte, wenn sie zu Gregor kommen wollte. Sie ging zu Sindbad.

Sindbad hielt sein Versprechen und brachte sie ans andere Ufer.

Nachdem sich Abigail und Gregor zärtlich umarmt hatten, erzählte Abigail, was sich zwischen ihr und Sindbad zugetragen hatte. Voller Verachtung stieß Gregor sie zurück und schickte sie weg.

Unglücklich und enttäuscht lief Abigail zu Slug, einem anderen Freund, um ihm ihr Leid zu klagen. Slug hörte sich voller Mitleid die Geschichte an, ging empört zu Gregor und verprügelte ihn brutal.

Abigail war froh, als sie sah, daß Gregor das bekam, was er ihrer Meinung nach verdient hatte. Als die Sonne am Abend unterging, hörte man Abigail über Gregor lachen.

Übung: Schuld und Vergebung

Ziele: In dieser Arbeitseinheit sollen die Teilnehmer Gelegenheit haben, den Begriff der Schuld von verschiedenen Seiten bewußt unter die Lupe zu nehmen und zu überprüfen, wo sie in ihrem Leben bisher für schuldig erklärt worden sind bzw. inwiefern sie sich selbst schuldig fühlten. Darüber hinaus wird auch der Prozeß der Vergebung angesprochen und die Voraussetzungen für Verzeihen im zwischenmenschlichen Bereich bewußt gemacht.

Material: Formular „Schuld und Vergebung".

Anleitung: Schuld und Vergebung spielen für uns Menschen seit vielen tausend Jahren eine bedeutende Rolle. Auf der einen Seite sind wir frei und können selbst entscheiden, was wir tun und was wir nicht tun wollen; auf der anderen Seite müssen wir uns mit den vielen Maßstäben auseinandersetzen, die die Menschen im Laufe der Geschichte entwickelt haben, um ihr Zusammenleben zu regeln.

Wenn wir uns zuviel Mühe geben, Schuld zu vermeiden, schränken wir unseren Freiheitsspielraum unvertretbar weit ein, so daß wir uns nicht mehr entfalten können. Wenn wir die Maßstäbe für menschliches Handeln allzu sehr übersehen und vernachlässigen, kommen wir in Konflikt mit anderen Menschen oder dem Gesetz. Um selbst möglichst frei zu leben und um die Bedürfnisse anderer ebenfalls möglichst ernsthaft zu respektieren, ist es notwendig, die Bereiche von Maßstäben, Schuld und Vergebung immer wieder zu bedenken und die eigene Einstellung dazu mit anderen zu diskutieren. Dazu möchte ich euch heute Gelegenheit geben.

Ich habe ein Formular für euch vorbereitet und bitte euch, es auszufüllen. Ihr habt dazu 15 Minuten Zeit…

Bitte stoppt jetzt und überlegt einen Augenblick, mit welchem Teilnehmer ihr über eure Formulare sprechen wollt… Bildet jetzt Paare und sprecht miteinander über das, was ihr herausgefunden habt. Ihr habt 30 Minuten Zeit dafür…

Kommt nun in den großen Kreis zurück, damit wir die Übung gemeinsam auswerten können…

Auswertung:
- Wie hat mir diese Übung gefallen?
- Was war besonders wichtig für mich?
- Welcher Punkt war für mich besonders schwer zu beantworten?
- Weshalb ist es notwendig, sich selbst zu verzeihen?
- Wie vergebe ich mir selbst? (Alle sollten möglichst reihum antworten.)
- Bin ich in puncto Schuld sehr streng mit mir und anderen?
- Mit wem spreche ich sonst über diese Themen?
- Was möchte ich sonst noch sagen?

Hinweise: Wenn Sie in einer Gruppe mit erwachsenen Teilnehmern das Thema der Strafe mit einbeziehen wollen, eignen sich auch die folgenden zusätzlichen Fragen: Mich selbst bestrafe ich, indem ich... Die schlimmste Strafe, die mir jemand antun kann, ist... Wie bestraft Gott?...

Schuld und Vergebung

Bitte beantworte die folgenden Fragen bzw. ergänze die Satzanfänge:

Welche Berufe beschäftigen sich hauptsächlich mit menschlicher Schuld?

....

Würde ich gern einen dieser Berufe ausüben? ....

Wenn ja, welchen? ....

Was ist der Unterschied zwischen einem Richter und einem Pfarrer?

....

Wem gegenüber kann ich schuldig werden? ....

Kann ich auch mir selbst gegenüber schuldig werden? ....

Wenn ja, inwiefern? ....

Der unschuldigste Mensch, von dem ich bisher gehört habe, ist ....

Der schuldigste Mensch, von dem ich bisher gehört habe, ist ....

Wer schuldig ist, muß ....

Die größte Schuld, die ich in den Augen meines Vaters begangen habe,
ist ....

Die größte Schuld, die ich in den Augen meiner Mutter begangen habe,
ist ....

Die größte Schuld, die mein Vater mir gegenüber hat, ist.....................

Die größte Schuld, die meine Mutter mir gegenüber hat, ist ....
....

Eine wichtige Schuld, die ich selbst begangen habe, ist ....
....

Habe ich schon einmal einem anderen Menschen eine wichtige Schuld
vergeben? ....

Wie war das möglich? ....

Was ist für mich die Voraussetzung, daß ich einem anderen vergeben
kann? ....

Ist mir schon einmal eine Schuld vergeben worden? ....

Wie war dem anderen das möglich? ....

Mir selbst vergebe ich ....

Was soll Gott mir vergeben? ....

Übung: Unterschiedliche Reaktionen

Ziele: Da viele Menschen selbst ihr strengster Richter sind, werfen sie sich viel zu lange bestimmte Handlungen vor, die sie besser einer eigenen Amnestie unterwerfen sollten. Wenn ich dazu neige, mir selbst gegenüber sehr streng zu sein, dann bringt mir das natürlich auch gewisse Vorteile. Ich kann mir moralisch anspruchsvoller vorkommen als andere, die ich dann gern als oberflächlich bezeichne. Ich kann mir als „schlechter Kerl" erscheinen, der deshalb natürlich nie Erfolg haben kann und sich aus diesem Grund auch keine besondere Mühe geben muß. Ich kann mich als minderwertig bezeichnen und auf diese Weise andere provozieren, mich doch gut zu finden usw.

Wenn ich dagegen mit anderen offen über meine Selbstvorwürfe spreche, kann ich vielleicht eher lernen, auf solche manipulativen Kunstgriffe zu verzichten. Ich kann dann eher eine Haltung einnehmen, die besagt: „Was ich getan habe, habe ich getan; offenbar wollte ich das zu dem betreffenden Zeitpunkt tun. Mit einem Teil meiner Person will ich mich heute davon distanzieren, und da ich nicht auf bestimmte Verhaltensmuster festgelegt bin, werde ich das in Zukunft nicht wieder tun."

Die Teilnehmer können üben, eine solche distanzierte Betrachtung eigener Verfehlungen zu entwickeln, wobei die Gruppe nützliche Unterstützung geben kann.

Material: Kärtchen und Bleistift.

Anleitung: Manche Menschen werden lange Zeit von quälenden Schuldgefühlen geplagt. Eine Möglichkeit, Erleichterung zu finden, besteht darin, mit anderen darüber zu sprechen. Wenn ich höre, was andere dazu denken, kann ich die Sache vielleicht neu einschätzen und endgültig begraben. Dazu möchte ich euch folgende Übung vorschlagen.

Laßt euch alle irgendeine Schuld einfallen, die euch noch gut im Gedächtnis ist und die euch noch in irgendeiner Weise innerlich beschäftigt. Notiert auf einem Kärtchen, was ihr getan habt und wem gegenüber ihr schuldig geworden seid. Schreibt dann dazu, was euch bisher gehindert hat, euch diese Schuld selbst zu vergeben. Schreibt nicht euren Namen auf das Kärtchen, weil wir nachher anonym über die verschiedenen Notizen sprechen wollen. Ihr habt für diese Aufgabe fünf Minuten Zeit...

Jetzt legt eure Kärtchen auf einem Stapel zusammen. Einer von euch soll die Kärtchen an sich nehmen, mischen und dann jedem ein Kärtchen geben...

Nacheinander soll nun jeder das Kärtchen, das er bekommen hat, vorlesen, als ob es sein eigenes wäre. Anschließend soll er seine eigene Reaktion mitteilen auf das, was er gelesen hat. Er kann ein Gefühl ausdrücken und zum Beispiel sagen: „Das betrifft mich sehr", er kann aber auch seine Einschätzung mitteilen und zum Beispiel sagen: „Ich finde, daß es sich um eine schwerwiegende Schuld handelt, und ich würde versuchen, den Schaden wiedergutzumachen." Dann können sich auch die anderen Gruppenmitglieder äußern und ihre Reaktionen auf das Kärtchen in einem oder zwei Sätzen ausdrücken. Sinn der ganzen Sache ist, daß der anonym bleibende Verfasser des Kärtchens erfahren kann, wie andere auf seine Schuld reagieren. Er braucht sich nicht zu erkennen zu geben.

Habt ihr verstanden, wie das geht?... Wer möchte beginnen?...

(Leiten Sie dann die abschließende Auswertung ein.)

Auswertung:
– Wie hat mir diese Übung gefallen?
– Was war besonders wichtig für mich?
– Wie fand ich die Atmosphäre in der Gruppe?
– Wer in dieser Gruppe scheint mir ein besonders strenger Richter zu sein?
– Wer in dieser Gruppe scheint mir ein besonders nachsichtiger Richter zu sein?
– Wer hat ähnliche Maßstäbe wie ich selbst?
– Bin ich jetzt eher bereit, mir die Schuld zu vergeben, die ich notierte?
– Will ich den angerichteten Schaden wiedergutmachen?
– Was macht es mir schwer, Vergebung für mich anzunehmen? Was möchte ich sonst noch sagen?

Hinweise: Fordern Sie am Ende der Auswertung die Teilnehmer auf, in einem Rundgang mitzuteilen, wie sie sich im Augenblick fühlen.

Übung: Sein Licht leuchten lassen

Ihr seid das Licht der Welt.
Es kann die Stadt, die auf einem Berge liegt,
nicht verborgen sein.
Man zündet auch nicht ein Licht an
und setzt es unter einen Scheffel,
sondern auf einen Leuchter;
so leuchtet es allen, die im Hause sind.
So soll euer Licht leuchten vor den Leuten,
daß sie eure guten Werke sehen
und euren Vater im Himmel preisen.
(Matthäus 5, 14–16)

Ziele: Viele Menschen haben Schwierigkeiten, „ihr Licht leuchten" zu lassen. Sie sehen nicht, daß ihnen bereits alles zur Verfügung steht, was sie benötigen, um zu „leuchten". Sie stellen „ihr Licht unter den Scheffel", indem sie zum Beispiel an sich, d. h. an ihren Körper, Seele oder Geist, überhöhte Forderungen stellen. Sie fangen an, ihr ihnen gegebenes Licht an einer abstrakten Sonne zu messen und zu vergleichen. Sie sagen dann Sätze wie: „Ich bin nicht schön genug. Ich bin nicht liebenswert genug. Ich bin nicht klug genug" usw. Diese Selbstvorwürfe mindern die Qualität ihres Lebens in drastischer Weise.

Die Teilnehmer sollen in dieser Übung angeregt werden, überhöhte Anforderungen gegenüber dem eigenen Selbst bewußter zu erkennen und diese allmählich zu mildern.

Material: Kärtchen, Bleistift für jeden; eine Kerze, eine Schale.

Anleitung: Im Neuen Testament sagt Jesus: „Ihr seid das Licht der Welt…" Für uns ist es gar nicht so leicht, diese Worte gelten zu lassen. Wir halten uns nicht für das Licht der Welt, sondern neigen dazu, unser Licht unter den Scheffel zu stellen und als „ganz kleines Licht" zu sehen. Darin drückt sich nicht unsere Bescheidenheit aus, sondern vor allem unser Ehrgeiz. Es genügt uns nämlich nicht, ein Licht neben anderen zu sein, sondern wir wollen viel heller strahlen als die anderen.

Ich begnüge mich zum Beispiel nicht damit, ein ganz normaler Pfarrer zu sein, der nicht überall und immer glänzen kann, sondern ich messe mich am Bild eines Super-Pfarrers, der die besten Predigten macht, die meisten Hausbesuche, den spannendsten Unterricht, die einfühlsamste Seelsorge, der von allen geliebt und geschätzt wird.

Da ich dieses Ziel natürlich nicht erreichen kann, betrachte ich mich enttäuscht im Spiegel und sage: „Du bist als Pfarrer nicht gut genug. Du kommst nicht richtig an... Oder: Deine Theologie ist nicht klar genug... Oder: Du bist nicht fleißig genug."

Diese Selbstvorwürfe belasten mich und beeinträchtigen in vielen Fällen dann auch tatsächlich mein Arbeitsvermögen. Ich verliere den Spaß an der Arbeit, bin weniger schöpferisch, ich verliere den Kontakt zu wichtigen Partnern und gehe ihnen oft auf die Nerven oder langweile sie.

Niemand würde sich minderwertig fühlen, wenn er sich nicht an bestimmten perfekten Maßstäben messen würde. Habt ihr verstanden, was ich meine?...

Ich möchte euch mit dieser Übung anregen, herauszufinden, wie weit ihr selbst solche überhöhten Anforderungen an euch stellt, und möchte euch ermutigen, eure schon vorhandenen Möglichkeiten wahrzunehmen, froh darüber zu sein und sie entsprechend zu gebrauchen.

Schließt jetzt die Augen und konzentriert euch auf einen übertriebenen Selbstvorwurf, mit dem ihr euch häufig quält. Was werft ihr euch vor? Wo findet ihr euch nicht gut genug?... (1 Min.)

Jetzt öffnet die Augen und schreibt euren Selbstvorwurf auf ein Kärtchen...

Überlegt nun, welche Auswirkungen euer Selbstvorwurf auf euch und andere hat. Auf welche Weise belastet er euch und den Kontakt zu anderen Menschen? Was verliert ihr dadurch? Notiert das, was euch dazu einfällt, auf der Rückseite des Kärtchens... (3 Min.)

Kommt nun in Vierergruppen zusammen und sprecht miteinander über das, was ihr aufgeschrieben habt. Ihr habt für euer Gespräch 15 Minuten Zeit...

Nun kommt zum großen Kreis zurück...

Ich werde jetzt in die Mitte unseres Kreises eine brennende Kerze auf den Boden stellen und daneben eine Schale...

Jeweils einer von uns kann nun in die Mitte zur Kerze gehen mit seinem Kärtchen und folgenden – immer gleichen – Satz sagen:

„Oft stelle ich mein Licht unter den Scheffel. Ich werfe mir folgendes vor:..."

(Schreiben Sie diesen rituellen Anfangssatz für alle sichtbar auf.)

Dann teilt der Betreffende uns mit, was er auf seinem Kärtchen als Vorwurf notiert hat, zum Beispiel: „Ich bin nicht gut genug als Pfarrer."

Dann sagt er möglichst langsam und aufmerksam:
„Wie die Kerze will ich mein Licht leuchten lassen. Ich bin gut genug."
(Schreiben Sie auch diesen Satz für alle sichtbar auf.)
Die Gruppe bestärkt den Betreffenden jetzt, indem alle laut und deutlich
wiederholen: „Ja,… (Name), du bist gut genug."
Anschließend entzündet der Teilnehmer in der Mitte sein Kärtchen mit
dem Selbstvorwurf an der Kerze, hält es eine Weile in der Hand und läßt
dann die Reste in der Schale zu Asche werden. Danach kehrt er auf seinen Platz zurück. Habt ihr verstanden, wie das geht?… Wer möchte
beginnen?…

Auswertung: Lassen Sie statt einer Auswertung in einem Rundgang
jeden Teilnehmer ausdrücken, was er im Augenblick empfindet und
denkt.

Hinweise: Da diese Übung einen stark rituellen Charakter hat, würde
eine unmittelbar anschließende Auswertung die Erfahrung abschwächen.
Vergewissern Sie sich statt dessen am Anfang des nächsten Treffens, ob
es noch offene Fragen zu dieser Übung gibt.
Wir empfehlen Ihnen, die Beispiele in der Anleitung anhand Ihrer eigenen Person auszugestalten. Auf diese Weise integrieren Sie sich in die
Übung und machen den Teilnehmern Mut.
Falls (einzelne) Teilnehmer „intellektuelle" Einwände gegen diesen Ritus
haben, verdeutlichen Sie, daß es sich hier um ein experimentelles, gleich-
nishaftes Angebot handelt. Wenn zum Beispiel einzelne Teilnehmer den
letzten rituellen Satz für sich ändern wollen, können sie es für sich tun.
Die Gruppe kann dann den veränderten Satz wiederholen, z. B.: „Ich darf
sein, wie ich bin."

KAPITEL 10
UND FÜHRE UNS NICHT
IN VERSUCHUNG

THEOLOGISCHE AKZENTE

Ich kann allem widerstehen,
nur nicht der Versuchung.

„Wer sich nicht in Gefahr begibt, kommt darin um." Das ist kein Druck-
fehler, sondern eine Einsicht, die viele Lebenserfahrungen paradox
zusammenfaßt. In der Tat: Mit der Versuchung ist es eine verquere Sache.
Schon die Bitte „Und führe uns nicht in Versuchung" trägt Züge einer
Versuchung. Sie kann uns glauben machen, es ginge darum, daß unsere
Hände nicht schmutzig werden. Dabei gehört die Versuchung zur
„Inneneinrichtung" des Glaubens. Luther sagt: Der Glaube und der Zwei-
fel gehören zusammen. Oder: Die gefährlichste Anfechtung ist, wo keine
Anfechtung ist. Dabei geht es meistens ums Alltägliche, weniger um
bestimmte Extremsituationen.
Im Neuen Testament begegnet uns in der Gestalt des Petrus einer, der
anfällig ist für die klassischen Versuchungen:

◆ Als Jesus seinen Jüngern sagt, daß er jetzt auf dem Wege nach Jerusalem sei, um dort zu leiden und zu sterben, will Petrus es verhindern
(Matthäus 16, 21–23). Er möchte dem Leid ausweichen.
Es ist bequemer, Schmerz und Trauer nicht geschehen zu lassen – aber
um welchen Preis? Hinter dem Schmerz und hinter der Trauer beginnt
das neue Leben, das ich erst erfahre, wenn ich durch den Schmerz hindurch bin. Und wenn ich den Schmerz vermeiden will, werde ich das
neue Leben nie erfahren.

◆ Als Jesus verklärt wird (Matthäus 17, 1–9), ist Petrus versucht, diesen
„erfüllten Augenblick" festzuhalten – in bester Absicht, versteht sich.
Er will den Augenblick für alle Zeiten zementieren und merkt nicht,
daß er sich genau damit um den einmaligen, den erfüllten Augenblick
bringt.

Ein wesentlicher und viel zu wenig beachteter Zug der Versuchung ist es,
sich selbst zu schaden. „Ich glaube, ich hab's." „Ich glaube, ich kann es
festhalten" – und genau dadurch verliere ich es. „Ich kann nur festhalten,
was ich loslasse", sagt Paulus (1. Korinther 7, 29). Ich schädige mich immer wieder, indem ich das gleiche Spielchen mit mir spiele: Ich will festhalten, was schön ist, und vermeiden, was Schmerzen macht. Und dabei
verliere ich das, was wirklich schön ist, und bleibe im Schmerz hängen.

Die Israeliten sehnen sich in der Wüste zurück zu den „Fleischtöpfen Ägyptens". Sie geraten dabei in Gefahr, das gelobte Land zu verlieren. Sie wollen das Manna für den nächsten Tag aufbewahren, schon ist es verdorben. Diese Bitte des Vaterunsers klänge für mich verständlicher, wenn sie hieße: „Laß uns nicht in der Versuchung steckenbleiben." Denn das ist einsichtig: Die durchlebte Versuchung, der verarbeitete Zweifel machen mich reifer und mein Leben weiter.

Der Rat der drei weisen Affen, nichts zu hören, zu sehen und nichts zu sagen, hält mich in Dummheit, Verschlossenheit und Verantwortungslosigkeit.

Je mehr einer liebt, desto offener ist er, desto verletzbarer, desto mehr steht für ihn auf dem Spiel. Je größer die Liebe, desto größer auch das Risiko oder – wie es der holländische Katechismus sagt: „Der Zweifel gehört zum Glauben, er hat in ihm einen Sinn,... er zwingt den Gläubigen, sich Jesu Botschaft deutlicher zu vergegenwärtigen,... er reinigt den Glauben von Nebenmotiven. Er macht den Glauben geräumiger, weil neuentdeckte... Werte... nicht mehr als etwas erscheinen, was draußen ist, sondern als etwas, was von Gott kommt."

Das Gegenteil von Versuchung ist die falsche Sicherheit und die Apathie. „Let it be" heißt nicht: „Tu es nicht", sondern: „Laß es sein, laß es geschehen."

ZUR EINSTIMMUNG DES LEITERS

Sie kennen gewiß aus Ihrem Leben Versuchungen, die Sie innerlich weitergebracht haben und denen Sie sich gewachsen fühlten. Und Sie haben Versuchungen kennengelernt, denen Sie sich nicht gewachsen fühlten und in denen Sie steckengeblieben sind.

Haben Sie auch schon einmal über die Versuchungen nachgedacht, die Sie innerlich hätten weiterbringen können, denen Sie aber ausgewichen sind?

Lassen Sie einen Augenblick lang Assoziationen zu diesen unterschiedlichen Formen der Versuchung in sich aufsteigen…

Nehmen Sie jetzt bitte Papier und einen Filzschreiber. Teilen Sie das Blatt in drei Teile…

Zeichnen Sie in das erste Drittel die Versuchung, der Sie am meisten verdanken…

Zeichnen Sie in das zweite Drittel die Versuchung, der Sie sich am wenigsten gewachsen fühlten…

Und zeichnen Sie in das letzte Drittel die Versuchung, der Sie am stärksten ausgewichen sind…

Nehmen Sie sich dafür genügend Zeit…

Überlegen Sie, mit wem Sie über Ihre Bilder sprechen möchten und wann Sie das tun wollen…

Übung: Was mir wichtig ist

Ziele: Eine unserer größten Versuchungen ist, daß ich bestimmte Seiten meiner Person überbetone und andere ignoriere. Ich zerstöre damit meine Gottes-Ebenbildlichkeit. Leicht sehe ich in mir entweder nur den Starken oder den Schwachen, den Intellektuellen oder den Hysteriker. Ebenso bin ich in Gefahr, die Menschen, mit denen ich in Beziehung stehe, nur in Teilaspekten zu sehen und sie nur in der einen oder anderen Weise zu würdigen. Ich beute zum Beispiel meinen Mitarbeiter aus, wenn ich nur seine Arbeitskraft sehe. Ich beute meinen Partner aus, wenn ich mich nur auf sein erotisches Talent beziehe und zum Beispiel seine schöpferische Intelligenz ignoriere.

Ich beute Gott aus, wenn ich in ihm nur eine Art Weltregierung sehe und nicht auch den Schwachen, der leiden kann.

Ich spalte mich von der Gesellschaft ab, wenn ich nicht bereit bin, mich neben meinem persönlichen Glück und Erfolg auch für Ziele zu engagieren, die für Glück und Erfolg anderer wichtig sind.

Der Vorteil solcher Abspaltung liegt offenbar darin, daß dann alles übersichtlicher und einfacher zu sein scheint. Ich führe dann vielschichtige Lebenprozesse auf einseitige Prinzipien zurück. Es ist einleuchtend, daß diese Bequemlichkeit teuer bezahlt wird. Ich werde der komplizierten Wirklichkeit nicht mehr gerecht, weder mir selbst, meinem Nächsten, der Gesellschaft noch Gott gegenüber.

Die Teilnehmer sollen in dieser Arbeitseinheit angeregt werden, darüber nachzudenken, wofür sie sich engagieren.

Material: Papier, Kärtchen und Bleistift.

Anleitung: Die sechste Bitte im Vaterunser lautet: „Und führe uns nicht in Versuchung." Dieser Text ist selbst schon eine kleine Versuchung. Ich kann ihn nämlich sehr einfach auslegen oder etwas anspruchsvoller. Wenn ich ihn einfach auslege, dann fasse ich ihn moralisch auf nach dem Muster: „Laß niemanden auf meinem Wege seine Brieftasche verlieren, damit ich sie nicht etwa an mich nehme anstatt sie abzugeben." Die anspruchsvollere Auslegung sagt etwa folgendes: „Ich weiß, daß ich immer zwischen verschiedenen Möglichkeiten wählen kann. Ich kann mich dafür entscheiden, bequem zu leben und den Weg des geringsten Widerstands gehen. Wenn ich das tue, folge ich meiner Angst, die mir sagt: „Die Welt ist gefährlich. Laß dich auf nichts ein. Laß andere sich die Finger verbrennen."

Ich kann mich aber auch entscheiden, meiner Neugier zu folgen und auf meine Kraft und Kreativität zu vertrauen und auch dornige Wege gehen. Wenn ich das tue, sage ich mir: „Das Leben ist schwierig, und ich kann mit anderen nur dann das Beste daraus machen, wenn ich mich engagiere und die Herausforderungen, denen ich begegne, annehme."

Ich möchte deshalb diese Bitte für mich so verstehen: Ich will Herausforderungen und Schwierigkeiten nicht ausweichen. Ich hoffe, genügend Kraft zu bekommen und in mir zu wecken, daß ich ihnen konstruktiv begegne.

Ich denke, es ist für jeden von uns wichtig, daß wir uns klarmachen, wofür wir uns im Leben einsetzen und wofür wir unsere Energie verwenden wollen. Dazu möchte ich euch folgende Übung vorschlagen: Nehmt ein Blatt Papier und schreibt auf, was euch zu der Überschrift einfällt: „Was mir wichtig ist." Macht eine lange Liste und schreibt lauter Sätze, die mit „Ich" beginnen. Schreibt zum Beispiel: „Ich will eine gute Ausbildung bekommen." „Ich tanze sehr gern." „Ich bin gern mit meinem Freund zusammen." „Ich will Sozialarbeiter werden." usw. Habt ihr verstanden, was ich meine?...

Ihr habt fünf Minuten Zeit für diese Aufgabe...

Jetzt ordnet die einzelnen Punkte. Nehmt euch dafür ein Blatt Papier und faltet es in der Mitte. Schreibt über die linke Spalte die Überschrift: „Wofür ich Mut und Ausdauer brauche" und über die rechte Spalte die Überschrift: „Was mir leicht fällt". Wenn ihr das gemacht habt, beurteilt alle Punkte eurer Liste und schreibt sie in die Spalte, in die sie gehören. Dafür habt ihr noch einmal fünf Minuten Zeit...

Kommt nun in Vierergruppen zusammen, um über eure beiden Listen zu sprechen. Behaltet dabei folgende Fragen im Auge:
(Schreiben Sie diese für alle sichtbar auf.)

◆ Überfordere oder unterfordere ich mich?

◆ Wer und was gibt mir Kraft, mit diesen Herausforderungen und Schwierigkeiten fertigzuwerden?

Ihr habt für euer Gespräch 20 Minuten Zeit...

Nun kommt in den großen Kreis zurück, damit wir die Übung gemeinsam auswerten können...

Auswertung:
- Wie hat mir diese Übung gefallen?
- Wie reagiere ich auf die Herausforderungen des Lebens?
- Weiche ich den Herausforderungen aus, so daß ich mich gelangweilt fühle?
- Lade ich mir zu viel auf, so daß ich mich überanstrenge?
- Wähle ich so viele Herausforderungen, daß ich angeregt und glücklich bin?
- Welchen Herausforderungen und Schwierigkeiten bin ich bisher ausgewichen? Wen halte ich hier für besonders mutig und neugierig?
- Wer ist hier für mich besonders vorsichtig?
- Was möchte ich sonst noch sagen?

Hinweise: Machen Sie die Teilnehmer ggf. darauf aufmerksam, daß auch die „risikoarmen" Aktivitäten und Interessen wertvoll sind. Sie bieten Gelegenheit zur Erholung und zum Neugewinn von Energie. In Gruppen mit erwachsenen Teilnehmern ist das Thema der Risikovermeidung besonders wichtig.

Übung: Wie ich mir selbst schade

Ziele: Fast jeder hat irgendein Verhaltensmuster, mit dem er sich schadet. Er verfolgt irgendein Ziel, das ihm wichtig ist, und wählt dazu ungeeignete, gefährliche oder schädliche Schritte, um es zu erreichen.

Jemand, der ständig übertreibt und dabei seinen Gesprächspartnern auch mehr oder weniger stark verzerrte Fakten auftischt, wird ihnen mit der Zeit auf die Nerven gehen, und sie werden hinter seinem Rücken sagen: „So ein Spinner!" Sein zugrunde liegendes Bedürfnis jedoch ist: „Nehmt mich zur Kenntnis. Überseht mich nicht. Sagt mir auch, was ihr an mir schätzt." Wenn dem Betreffenden dieser Zusammenhang deutlich wäre, könnte er auf eine weniger manipulative und für ihn nachteilige Weise, durch eine ehrliche Mitteilung seiner Bedürfnisse, sein Ziel erreichen.

Die Teilnehmer sollen sich klarmachen, auf welche Weise sie sich in verschiedenen Lebensbereichen selbst Niederlagen zufügen und welche Alternativen für sie bestehen.

Material: Formular „Wie ich mir selbst schade".

Anleitung: Manchmal bin ich in Versuchung, anderen zu schaden, manchmal mir selbst. Wir tun oft Dinge, mit denen wir uns selbst schaden. Wenn ich zum Beispiel so riskant Auto fahre, daß ich oft Unfälle habe, dann ist das eine Form der Selbstschädigung, die leicht tödlich enden kann. Wenn ich übermäßig viel Alkohol trinke oder andere Drogen nehme, zerstöre ich nicht nur meinen Körper, sondern ich gerate auch mit meiner Umwelt in Konflikt. Wenn ich mich im Beruf zu stark engagiere, vernachlässige ich meine Familie und gefährde damit eine Quelle von Kraft und Genuß. Es ist wichtig, daß wir uns selbst auf die Schliche kommen, wie wir uns das Leben schwermachen. Besonders nützlich ist es, daß wir solche Verhaltensweisen entdecken, wo wir als „Wiederholungstäter" aktiv sind.

Ich möchte euch heute Gelegenheit geben, einmal zu untersuchen, wie ihr euch in verschiedenen Lebensbereichen selbst schadet. Dazu habe ich ein Formular vorbereitet. Bitte füllt es aus. Ihr habt dazu zehn Minuten Zeit...

Überlegt euch jetzt bitte, mit welchen Gruppenmitgliedern ihr euch in einer Vierergruppe austauschen wollt... Bildet jetzt die Gruppen... Ihr habt 30 Minuten Zeit, um miteinander darüber zu sprechen, was ihr geschrieben habt. Behaltet dabei folgende Fragen im Auge:

(Notieren Sie diese Leitfragen für alle sichtbar.)

◆ Was vermeide ich mit meinen schädlichen Verhaltensweisen?

◆ Was möchte ich durch sie bewirken?

◆ Wie könnte ich meine Ziele konstruktiver erreichen?…

Stoppt jetzt bitte und kommt zum großen Kreis zurück, damit wir die Übung gemeinsam auswerten können…

Auswertung:
– Wie hat mir diese Übung gefallen?
– Was war besonders wichtig für mich?
– Habe ich vorher schon einmal über diesen Zusammenhang nachgedacht?
– Will ich in Zukunft etwas anders machen?
– Wer könnte mir dabei helfen?
– Was möchte ich sonst noch sagen?

Wie ich mir selbst schade

Bitte beantworte die folgenden Fragen. Denke vor allem an Verhaltensweisen, die du häufig wiederholst, mit denen du dich in eine Situation bringst, in der du dich schlecht fühlst, dich von anderen isolierst oder sogar bestraft wirst.

In meiner Familie füge ich mir Niederlagen zu und schade mir selbst,

wenn ich ....

wenn ich ....

wenn ich ....

In der Schule schade ich mir,

wenn ich ....

wenn ich ....

wenn ich ....

In meiner Freizeit schade ich mir,

wenn ich ....

wenn ich ....

wenn ich ....

In der Beziehung zu meinem Freund/meiner Freundin schade ich mir,

wenn ich ....

wenn ich ....

wenn ich ....

In der Beziehung zu Gott schade ich mir,

wenn ich ....

wenn ich ....

wenn ich ....

Meinem Körper schade ich,

wenn ich ....

wenn ich ....

wenn ich ....

Wie und wo schade ich mir noch?

....

....

....

Übung: Was mir Kraft gibt

Ziele: Eine weitverbreitete Versuchung in unserer Kultur ist die Flucht in die Depression. Gemeint ist damit eine innere Haltung, die besagt: Ich bin schwach. Ich kann nichts bewirken. Ich lasse mich gehen. Ich sehe keinen Sinn im Leben, andere müssen mir helfen.

In dieser Übung sollen die Teilnehmer sich darauf besinnen, was sie der Versuchung zur Depression entgegenstellen können.

Material: Papier und Ölkreiden.

Anleitung: Eine besondere Art der Versuchung ist es, den Kopf hängen zu lassen und sich selbst als schwach, bedauernswert und hilflos zu bezeichnen. Wir sehen dann im eigenen Leben keinen Sinn und halten auch das, was sonst in der Welt geschieht, für wertlos. Mit einer solchen Haltung ist es unmöglich, glücklich zu sein oder andere glücklich zu machen. Um gar nicht erst in eine solche pessimistische Haltung zu geraten, ist es wichtig, daß wir uns immer wieder darauf konzentrieren, was uns Mut zum Leben gibt. Dazu möchte ich euch zu folgender Übung einladen:

Stellt euch vor, daß ihr in euch irgend etwas habt, das euch die Kraft gibt, das Leben zu meistern, das euch Optimismus und Zuversicht schenkt, das euch das Gefühl gibt, lebendig zu sein und stark. Das kann eine Hoffnung sein, die ihr in bezug auf die Zukunft habt. Das kann eine wichtige Erfahrung sein, die ihr in der Vergangenheit gemacht habt. Das kann etwas sein, was mit eurer Gedankenwelt zusammenhängt, und das kann etwas sein, was mit eurem Körper zusammenhängt. Ich möchte, daß ihr euer inneres Kraftzentrum herausfindet und es dann in einem Bild darstellt. Das Bild kann symbolisch oder realistisch sein, ganz wie ihr wollt. Habt ihr die Idee verstanden?… Ihr habt 15 Minuten Zeit, um euer Bild zu malen…

Jetzt kommt zurück zum großen Kreis, damit wir die Bilder ansehen und die Übung auswerten können…

Legt alle eure Bilder mit der gemalten Seite nach unten vor euch auf den Boden, damit wir uns auf jeweils ein Bild konzentrieren können. Ein Freiwilliger zeigt uns sein Bild und wartet zunächst ab, was die anderen dazu sagen. Dann teilt er selbst mit, was er darstellen wollte. Wer möchte beginnen?…

Auswertung:
- Wie hat mir diese Übung gefallen?
- Was war besonders wichtig für mich?
- Welches andere Bild war für mich besonders eindrucksvoll? Habe ich wirklich mein Kraftzentrum gefunden?
- Woher bezieht mein Kraftzentrum seine Energie? Was kann ich tun, um noch mehr Nutzen von meinem Kraftzentrum zu haben?
- Was möchte ich sonst noch sagen?

Hinweise: Achten Sie darauf, daß die Teilnehmer ihr Kraftzentrum nicht mit äußeren Gegebenheiten verwechseln, wie z. B. mit Prestige etc.

Übung: Mein größter Schmerz

Ziele: Die klassische Versuchung für den Menschen unserer Zeit ist das Ausweichen vor Schmerz und Leid. Alles sollte möglichst glattgehen und angenehm sein. Auf diese Weise verliert unser Leben die notwendige Polarität von Freude und Leid. Dadurch verlieren wir dann einen Teil unserer Vitalität. Wenn wir uns unsere Schmerzen nicht gönnen und uns nicht gestatten, auch unsere Trauer intensiv auszudrücken, dämpfen wir unser gesamtes Gefühlsleben und sind auch nicht mehr in der Lage, wirklich intensiv glücklich zu sein.

Die Teilnehmer sollen auf dem Hintergrund des Matthäus-Textes ihre eigene innere Einstellung zum Leid überprüfen und versuchen, sich leichter die Berechtigung zu geben, zu trauern und sich bewußt mit dem Schmerz auseinanderzusetzen.

Material: Text Matthäus 16, 21–23; Papier und Bleistift.

Anleitung: Was Versuchung ist, erläutert Matthäus…

Die Versuchung für Petrus besteht darin, dem angekündigten Leid auszuweichen. Petrus' Reaktion ist uns allen vertraut. Auch wir versuchen, unangenehme Gefühle zu vermeiden. Jesu Antwort ermutigt uns, uns zu fragen: „Bin ich bereit, Gefühle von Schmerz, Trauer und Verzweiflung innerlich zu durchleben, oder versuche ich, diese Gefühle auszublenden? Wie weit verdränge ich traurige und erschütternde Anlässe aus meinem Bewußtsein? Halte ich meine Tränen mit zusammengebissenen Zähnen zurück? Rede ich mir ein, daß alles nicht so schlimm sei?" In unserer Kultur ist es für viele Menschen schwer, Trauer zu empfinden und zu zeigen. Wir gestatten vor allem Frauen und kleinen Kindern zu weinen, von Jungen und Männern erwarten wir noch immer Selbstbeherrschung. Fragt euch einmal, wann ihr euren Vater zum letzten Mal habt weinen sehen… Dabei wäre das alles gar nicht notwendig. Wir können auch mit intensiver Trauer fertigwerden. Um die komplizierten Verhältnisse im Zusammenhang mit Trauer und Schmerz etwas besser zu verstehen, schlage ich euch folgende Übung vor.

Setzt euch bequem hin und schließt die Augen… Atmet ein wenig tiefer als gewöhnlich… (20 Sek.)

Spannt jetzt alle Muskeln eures Körpers so stark an wie möglich… und laßt los… (10 Sek.)

Wiederholt das, spannt alle Muskeln so kräftig an, wie ihr könnt… und laßt wieder los... (10 Sek.)

Nun spannt die Muskeln eures Körpers ein letztes Mal mit aller Kraft an... und laßt wieder los... (10 Sek.)

Atmet jetzt zehnmal tief ein und aus. Zählt jedes Mal, wenn ihr einatmet... (ca. 90 Sek.)

Geht in der Phantasie zurück zu dem schmerzlichsten Ereignis eures Lebens... Was hatte sich ereignet?... Wo wart ihr?... Welche Personen waren beteiligt?... Wie habt ihr damals euren Kummer ausgedrückt? Wart ihr allein?... Habt ihr den Schmerz anderen gezeigt und mitgeteilt?... Haben andere Menschen Verständnis für euren Schmerz gezeigt?... Haben sie euch gestattet, traurig zu sein?... (ca. 1 Min.) Wie lange habt ihr gebraucht, um über den Schmerz hinwegzukommen?... Habt ihr euch in der darauffolgenden Zeit gestattet, intensiv zu weinen? Oder habt ihr euch abgelenkt?... Haben die Menschen in eurer Umgebung euch in der Zeit danach ermutigt zu trauern, oder haben sie euch zu verstehen gegeben: „Kopf hoch, es ist alles nicht so schlimm. Ich will von deiner Trauer nicht belästigt werden"?... (ca. 1 Min.)

Öffnet bitte langsam wieder eure Augen... Kommt nun bitte in kleinen Gruppen mit zwei, drei oder vier Teilnehmern zusammen. Wählt solche Gruppenmitglieder, mit denen ihr euch darüber austauschen wollt, was euch eben bewußt geworden ist... Sprecht nun über das, was ihr in der Phantasie erlebt habt, und teilt einander die Empfindungen mit, die in den letzten Minuten wachgerufen wurden. Prüft euch, ob ihr euch gestatten wollt, eure Trauer jetzt auszudrücken, wenn ihr im Augenblick traurig seid. Stellt fest, wieweit ihr bereit seid, ein anderes Gruppenmitglied in eurer Gegenwart weinen zu lassen, ohne ihm zu verstehen zu geben: „Mir wäre es lieber, wenn du jetzt lachst." Ihr habt 20 Minuten Zeit für euer Gespräch...

Kommt jetzt wieder zum großen Kreis zurück, damit wir die Übung gemeinsam auswerten können...

(Beginnen Sie die Auswertung mit einem Blitzlicht, bei dem jeder nacheinander kurz mitteilt, was er im Augenblick empfindet oder denkt.)

Auswertung:
- Wie hat mir diese Übung gefallen?
- Was war besonders wichtig für mich?
- Was ist mir über meine Einstellung zum Weinen und zur Trauer deutlich geworden?
- Gönne ich mir oft genug Tränen?
- Wie reagiere ich, wenn andere weinen?
- Wie fühle ich mich, nachdem ich geweint habe?
- Wie fühlen sich diejenigen, die hier geweint haben?
- Fühlen sie sich von den anderen verstanden?
- Wessen Einstellung zu meinen Tränen ist mir unklar?
- Von wem in der Gruppe würde ich mich gern trösten lassen, wenn ich traurig bin?
- Wer oder was tröstet mich, wenn ich traurig bin?
- Welche Einstellung zur Trauer kenne ich aus der Bibel?
- Was möchte ich sonst noch sagen?

Hinweise: Schließen Sie das Treffen mit einem zweiten Blitzlicht, da diese Übung mit großer Wahrscheinlichkeit bei vielen Teilnehmern starke Gefühle auslöst. Erproben Sie die Übung nur, wenn Sie selbst keine Angst vor intensiven Gefühlsäußerungen bei sich und anderen haben.

Erste Leidensankündigung

Seit der Zeit fing Jesus Christus an und zeigte seinen Jüngern, wie er müßte hin nach Jerusalem gehen und viel leiden von den Ältesten und Hohenpriestern und Schriftgelehrten und getötet werden und am dritten Tag auferstehen.

Und Petrus nahm ihn zu sich, fuhr ihn an und sprach: Herr, das verhüte Gott! Das widerfahre dir nur nicht!

Er aber wandte sich um und sprach zu Petrus: Hebe dich, Satan, von mir! Du bist mir ein Ärgernis; denn du meinst nicht, was göttlich, sondern was menschlich ist.

(Matthäus 16, 21–23)

KAPITEL 11
SONDERN
ERLÖSE UNS
VON DEM
BÖSEN

THEOLOGISCHE AKZENTE

Aus Dornen können Rosen wachsen.

Die Bitte „Sondern erlöse uns von dem Bösen" faßt die beiden vorigen noch einmal zusammen: Hinter dem Vergeben der Schuld und hinter dem Hindurchführen durch die Versuchung gewinnt das Leben eine neue Dimension. Es geht wirklich um das Letzte. Es geht um das, was unerklärlich bleibt: Wie kommt das Böse in die Welt? Und es geht um das, was Menschen nicht lösen können – das Böse aus der Welt zu schaffen. Es geht darum, daß eine seelische, eine soziale, eine kosmische Ordnung gestört ist.

Harvey Cox erzählt in seinem Buch „Licht aus Asien" von einem mexikanischen Brauch. Die Wurzel Peyote wird als rituelle Droge benutzt, die den Menschen sogar mit seinen Göttern und Vorfahren in Verbindung treten läßt. Vor dem Genuß der Droge müssen sich die Menschen einer gründlichen rituellen Reinigung unterziehen. Jeder erhält ein kurzes Stück Schnur und denkt still darüber nach, welche Sünden oder Übertretungen ihn unwürdig machen könnten, den Göttern oder Vorfahren zu begegnen. Für jede Übertretung wird ein Knoten in die Schnur geknüpft. Anschließend werden die Schnüre ins Feuer geworfen. Die Sünden werden rituell getilgt.

Dieser Brauch zeigt ein paar ganz wichtige Strukturen, die uns etwas vom Bösen verstehen lassen können. Der Knoten ist ein Symbol des Bösen.

◆ Der Knoten blockiert mich und meine Beziehungen.

◆ Wer einen Knoten macht, muß die alten Knoten immer wieder durch eine Schlaufe ziehen. Das Böse besteht nicht aus einzelnen Dominosteinen, die hintereinander geordnet sind, sondern ist in sich selbst verschlungen.

◆ Wo schon ein Knoten ist, macht sich leicht ein zweiter Knoten fest.

◆ Die Knoten werden größer, die Blockierungen potenzieren sich. Die Knoten machen eng, verschließen. „In sich gekehrt" (incurvatus in se ipsum) nennt Luther das.

◆ Die Knoten verkürzen die Schnur optisch, die Schnur, die die Lebensqualität symbolisiert.

Die Knoten erinnern mich an Krankheiten des Körpers, an Gicht, an Lähmung. Dem Gelähmten in Markus 2 werden erst die Sünden vergeben. Ich verstehe das so: Jesus löst seine Knoten, seine Blockierungen.

Ich werde daran erinnert, daß der Lahme am Teich Bethesda (Johannes 5, 6) schon seit 38 Jahren darauf wartet, daß mit dem Wasser in der heilenden Quelle auch das Blut in seinen Adern wieder richtig fließt und nicht mehr blockiert ist. Und eben dieser Lahme wird gefragt, ob er gesund (fließend) gemacht werden will. „Willst du gesund werden?" (Johannes 5, 6) Um gesund zu werden, seelisch und körperlich, muß ich es auch wollen. Ich bin gesund und lebe gern. Wovon will ich erlöst werden? Welche Knoten sollen sich bei mir lösen?

Manchmal – wenn ich mich bedroht fühle oder Streit habe – fühle ich mich wie gelähmt. Ich fasse die einfachsten Gedanken nicht, ich tue nicht das Selbstverständliche. Ich sehe nichts Gutes. Ich fühle mich blockiert. Dies könnten Auswirkungen des Bösen sein. Davon möchte ich erlöst werden.

Manchmal denke ich, das Böse ist nur falsch eingesetzte Lebenskraft. Auf jeden Fall möchte ich meine Blockierungen loswerden. Das Böse zieht mich an mit magischer Kraft. Dem Bösen in mir und um mich herum kann ich nicht widerstehen (Matthäus 5, 39). Ich möchte die guten Kräfte entdecken und entwickeln, durch die ich das Böse überwinden kann (Römer 12, 21).

ZUR EINSTIMMUNG DES LEITERS

Wenn ich vom Bösen erlöst sein will, muß ich mich auf das Gute konzentrieren. Ich habe schon Anteil am Guten.

Auch wenn es für Sie jetzt im Augenblick ungewohnt sein mag: Schreiben Sie alles Gute auf, was Sie selbst und was andere über Sie wissen. Nehmen Sie sich genügend Zeit dafür.

....

....

....

....

....

....

....

....

....

....

....

....

....

....

....

....

Suchen Sie jetzt den Satz aus der Liste, der Ihnen am meisten bedeutet... Nun schreiben Sie diesen Satz auf ein Kärtchen, und tragen Sie es mindestens ein halbes Jahr bei sich...

Übung: Befreiung

Ziele: Befreiung und Erlösung sind nicht möglich ohne die Mitwirkung des „Gefangenen". Das gilt für den Erfolg bei einer medizinischen Behandlung ebenso wie für den glücklichen Abschluß einer Psychotherapie, für die politische Befreiung wie für den Erfolg eines Lernprozesses in der Schule oder wie für die Rechtfertigung des Sünders. Die große Schwierigkeit ist immer wieder, daß wir uns allzu leicht als Opfer fühlen und zu Komplizen unserer Verfolger werden. In einem umfassenden Sinn bedeutet Befreiung immer, mir bewußt zu machen, daß ich in der Lage bin, auf eigenen Füßen zu stehen. Dazu gehört, daß ich auch gefühlsmäßig „weiß", daß ich meinen eigenen Anteil leisten kann, Fesseln zu sprengen und Knoten zu lösen.
Die Teilnehmer sollen in dieser Phantasieübung vor allem gefühlsmäßig das Bewußtsein ihrer eigenen Stärke und Vitalität vertiefen.

Anleitung: Die siebte Bitte im Vaterunser lautet: „Sondern erlöse uns von dem Bösen." Erlösung ist immer ein wechselseitiger Vorgang. Ich kann niemandem die Handschellen aufschließen, wenn der Betreffende vor mir wegläuft und mich nicht an das Schloß herankommen läßt. Christus hat durch seinen Tod die Voraussetzung dafür geschaffen, daß ich vom Bösen erlöst werde. Und ich trage zu meiner Erlösung bei, indem ich mir immer wieder sage, daß ich genügend Kraft habe, das Leben zu meistern.
Ich möchte euch ein Spiel vorschlagen, das euch eure innere Stärke erleben lassen kann.
Bitte sucht euch einen Platz im Raum, wo ihr für euch sein könnt... Legt euch auf den Boden und achtet auf euren Atem... Atmet ruhig und tief ein und aus...
Überprüft, ob ihr wirklich entspannt liegt... Wenn ihr euch noch irgendwo verspannt fühlt, ändert eure Position, bis ihr euch angenehm und bequem fühlt...
Stell dir jetzt vor, daß du vor dir einen Vogelbauer siehst mit einem kleinen gelben Kanarienvogel... Sieh genau hin und beobachte den Vogel... Ändere jetzt seine Farbe und laß den Kanarienvogel blau werden... Laß den Vogel in seinem Käfig hin- und herhüpfen... Laß den Vogel nun einen großen Wunsch haben: Er möchte aus dem Käfig fliegen... Stell dir vor, daß er die Käfigtür öffnet und hinausfliegt... Laß ihn im Raum umherfliegen... Er ist froh, daß er draußen ist...

Laß ihn jetzt in den Käfig zurückfliegen… Jetzt schließt er die Käfigtür hinter sich zu…

Stell dir nun vor, daß ein Schloß vor der Käfigtür hängt… Der Vogel versucht erneut, die Tür zu öffnen – vergeblich… Laß ihn im Käfig bleiben und weinen… Laß ihn auf den Boden stampfen und schreien… Laß ihn jetzt aufspringen und die Käfigstäbe auseinanderbiegen… Er fliegt jetzt frei hinaus in den Raum… Er fliegt umher und singt… Nun kehrt er in den Käfig zurück und biegt die Gitterstäbe wieder gerade…

Jetzt stell dir vor, daß du ganz klein bist und anstelle des Vogels im Käfig sitzt… Spring im Innern des Käfigs herum… Versuche, aus dem Käfig herauszukommen… Biege die Stäbe auseinander und springe heraus…

Werde jetzt größer, so daß du deine normale Größe wieder erreichst… Nimm das Vogelbauer, reiße es auseinander und wirf die einzelnen Teile fort…

Stell dir einen neuen Käfig vor, eine Art Löwenkäfig… Du bist im Innern des Käfigs… Biege die Gitterstäbe auseinander und springe heraus…

Jetzt stell dir vor, daß du noch größer wirst… Nimm nun den Löwenkäfig, zerbrich ihn und wirf die Stücke zur Seite…

Sei nun in einem alten Schloß… Du bist im Schloßverlies eingesperrt… Das Verlies ist aus Steinen gemauert, an der einen Seite sind Gitterstangen aus Eisen…

Du hast keine Lust, dort dein Leben zu verbringen, und willst hinaus… Du stemmst deine Schultern gegen die Steinmauern und brichst ein großes Loch in die Wand, so daß du dein Gefängnis verlassen kannst… Du läufst nach draußen und entschließt dich, das ganze Schloß zum Einsturz zu bringen… Du legst deine Hand gegen die Mauer des Schlosses, und mit einem gewaltigen Krachen stürzt das ganze Schloß zusammen…

Jetzt stell dir vor, daß die Trümmer des alten Schlosses dich ärgern… Du beginnst, sie wegzubringen… Blase sie kräftig in alle Himmelsrichtungen, so daß ein leerer Platz zurückbleibt…

Nun taucht ein neues Schloß vor dir auf… Auch dieses Schloß willst du beseitigen… Du holst tief Luft und bläst… das Schloß stürzt in sich zusammen… Dann pustest du die Trümmer fort, so daß ein leerer Platz vor dir zurückbleibt…

Versetze dich jetzt in eine Höhle im Innern eines Berges… Auf einmal fallen große Felsbrocken von der Spitze des Berges und versperren den Eingang der Höhle… Du gehst in der Höhle umher und entdeckst, daß es keinen anderen Ausweg gibt… Hole tief Luft und blase die Felsen vor dem Eingang der Höhle fort... Jetzt fallen neue Felsbrocken in den Höhlenausgang... Blase auch sie fort... Schau auf den Höhleneingang und überzeuge dich, daß der Weg frei ist... Geh hinaus und freu dich an dem Sonnenschein... Du willst die Höhle zerstören... Runzle ein wenig die Stirn und laß die Höhle zusammenstürzen... Aus den Trümmern sprießen Blumen... Du freust dich an ihnen...

Jetzt stell dir vor, daß du mit dicken Tauen gefesselt bist... Sie schnüren deine Handgelenke, deine Arme, Beine, deien Bauch und deine Füße ein... Du bist ganz eng zusammengeschnürt... Du liegst schon eine ganze Zeit gefesselt da und fragst dich, ob wohl jemand kommen wird, um dich zu befreien....

Schließlich siehst du ein, daß niemand kommen wird und daß du dir selbst wirst helfen müssen... Du atmest tief ein und zerreißt dabei alle Taue... Jetzt pack die zerrissenen Fesseln und wirf sie in ein großes Feuer... Schau dich um und entdecke viele neue Fesseln und ganze Taurollen... Du wirfst sie alle ins Feuer und freust dich, daß das Zeug so schön brennt...

Stell dir nun vor, daß du in einem Stuhl sitzt... Eiserne Ketten halten dich an den Stuhl gefesselt... Sie gehen um deine Handgelenke, die an die Armlehnen gebunden sind, um deine Fußgelenke, die an die Beine des Stuhls gekettet sind, und um deine Brust, die eng an die Lehne des Stuhls gepreßt wird...

Irgend jemand steht hinter dir und sagt, daß du ewig auf diesem Stuhl sitzen bleiben mußt... Du findest das langweilig und sagst: „Kommt nicht in Frage."... Du gähnst dein größtes und schönstes Gähnen und sprengst alle Ketten auf einmal... Dann stehst du auf und streckst deine Glieder...

Der andere, der dir den ewigen Aufenthalt auf dem Stuhl prophezeit hat, wird sehr wütend... Er springt wie Rumpelstilzchen herum und stampft mit den Füßen auf... Du kümmerst dich nicht um ihn, sondern nimmst den Stuhl, brichst ihn auseinander und wirfst die Bruchstücke zur Seite...

Nun stell dir vor, daß ein anderer Stuhl mit Ketten vor dir steht... Du hast jetzt die Möglichkeit, irgend jemanden auf diesen Stuhl zu setzen und anzubinden. Wen möchtest du auf diesen Stuhl setzen?... Gut, wenn du jemanden gefunden hast, setz ihn darauf und binde ihn so fest, wie du selbst gefesselt warst... Sag ihm, wie lange er deiner Meinung nach dort sitzen soll... (ca. 90 Sek.)

Jetzt nimm deinem Gefangenen die Ketten wieder ab und laß ihn wieder frei... Sag ihm einen Satz, den du ihm sagen willst... Welchen Satz sagst du ihm?... Wie klingt deine Stimme?... Wie fühlst du dich dabei?...

Du bist jetzt wieder allein... Nimm den Stuhl und zerbrich ihn... Wirf ihn in ein Feuer und wärme deine Hände am Feuer... Nun blase das Feuer aus... Stell dir einen Platz vor, an dem du jetzt sein möchtest, und gehe in der Phantasie dorthin... Gibt es noch einen anderen Ort, an dem du sein möchtest?... Gut, geh auch dorthin...

Jetzt wirst du gleich aus der Phantasie mit deinem Bewußtsein in die Gruppe zurückkommen... Öffne nun bitte die Augen und sieh in die vier Ecken des Raumes und überzeuge dich, daß du dort nicht bist...

Kommt jetzt in Vierergruppen zusammen und tauscht euch über eure Erfahrungen aus. Ihr habt für euer Gespräch 20 Minuten Zeit...

Nun kommt zum großen Kreis zurück, damit wir die Übung gemeinsam auswerten können...

Auswertung:
– Wie hat mir diese Übung gefallen?
– Was war besonders wichtig für mich?
– Wen habe ich auf dem Stuhl angebunden?
– Was habe ich zu ihm gesagt?
– Wann habe ich mich zuletzt wirklich frei gefühlt? Wovon?
– Was schränkt meine Freiheit ein?
– Was kann ich selbst tun, um mich frei zu fühlen?
– Kommt die Kraft dazu mehr von innen oder mehr von außen?
– Was möchte ich sonst noch sagen?

Hinweise: Es ist günstig, wenn die Teilnehmer schon etwas Erfahrung mit Phantasieübungen haben.

Variation: Wenn es die Zeit erlaubt, können Sie die Teilnehmer auffordern, im Anschluß an die Phantasie mit Ölkreiden die Situation aus der Phantasie zu malen, die ihnen am besten gefallen hat. (ca. 10 Min.)

Übung: Faust öffnen

Ziele: Es gibt eine sehr einfache Möglichkeit, die Gegenwart des Bösen zu bemerken. Ich brauche nur auf meinen Körper zu achten und zu überprüfen, ob er sich locker und entspannt anfühlt oder verspannt und verhärtet. Wenn ich mich körperlich unbehaglich fühle, so ist das meistens ein Zeichen dafür, daß ich mich selbst nicht aufrichtig ausdrücke bzw. ausgedrückt habe. Es ist bekannt, daß wir sogar mit körperlicher Krankheit reagieren können, wenn wir zuviel zurückhalten und uns über ein gewisses Maß hinaus den Ausdruck wichtiger Gefühle verbieten. Verschlossenheit mir selbst und anderen gegenüber ist ein ernstzunehmender Ausdruck des Bösen, der zwischenmenschliche Beziehungen stört oder zerstört und selbst unsere Gesundheit bedroht.

Die Teilnehmer sollen auf diesen Zusammenhang aufmerksam gemacht und ermutigt werden, sich selbst stärker zu öffnen bzw. es anderen leichter zu machen, sich zu öffnen.

Anleitung: Eine wichtige Form des Bösen ist unsere Verschlossenheit. Oft halten wir wichtige Gedanken und Gefühle zurück, so daß wir sie selbst gar nicht mehr wahrnehmen oder daß wir sie zwar selbst bemerken, aber anderen nicht mitteilen. Wenn wir uns und andere auf diese Weise täuschen, werden unsere Beziehungen zu anderen oberflächlich oder gespannt. In vielen Fällen werden wir selbst oder die Menschen in unserer Umgebung krank.

Unser eigener Beitrag für mehr Gesundheit im menschlichen Leben kann sein, daß wir selbst es wagen, offener zu sein, und andere ermutigen, sich ebenfalls mehr zu öffnen. Die Voraussetzung dazu ist, daß wir Vertrauen zu uns selbst und zu den Menschen unserer Umgebung haben. Diesen Zusammenhang möchte ich euch in einer kleinen Übung erfahren lassen.

Bitte wählt euch einen Partner, mit dem ihr gern eine offenere Beziehung haben wollt…

Verteilt euch so im Raum, daß jedes Paar genügend Platz für sich hat und ungestört von anderen sitzen kann… Schaut einander in die Augen… Der Kleinere von euch soll A, der Größere B sein.

Ich möchte, daß A gleich die Augen schließt und die rechte Hand zur Faust ballt. Er soll die Hand gut zusammenpressen und sich dabei im stillen sagen: „So wie diese geschlossene Faust fühle ich mich auch ab und zu. Ich möchte dann niemanden an mich heranlassen. Ich igele mich ein, um mich sicher und geschützt zu fühlen." Dabei kann A dann an Situationen denken, in denen er sich besonders verletzlich und zurückgezogen fühlte.

B soll zu Beginn der Übung ganz ruhig warten, damit A sich ganz auf seine geschlossene Faust konzentrieren kann. Gebt ihm ungefähr eine halbe Minute dafür Zeit. Sprecht bitte während der ganzen Übung nicht miteinander.

Dann soll B beginnen, vorsichtig und auf geeignete Weise die Faust seines Partners zu öffnen, so daß A langsam Vertrauen entwickeln kann. Bitte vergewaltigt euren Partner nicht und laßt ihm genügend Zeit. Achtet auf seinen Gesichtsausdruck und seine Körperhaltung, damit ihr herausfinden könnt, ob er sich angenehm fühlt oder nicht. Respektiert bitte sein Zögern.

Da der Prozeß des Öffnens bei den einzelnen Paaren sicherlich sehr unterschiedlich lang sein wird, möchte ich die gesamten Instruktionen schon jetzt geben. Laßt euch für jede Phase der Übung fünf Minuten Zeit, d. h. tauscht nach fünf Minuten die Rollen, ob nun A seine Faust inzwischen geöffnet hat oder nicht. Jetzt ist B an der Reihe, mit geschlossenen Augen die Hand zur Faust zu ballen, um sie von A öffnen zu lassen. Wenn auch die zweiten fünf Minuten vergangen sind, sprecht miteinander über das, was ihr erfahren habt. Bitte denkt daran, daß ihr leise sprecht, damit die anderen Paare nicht von euch gestört werden.

Habt ihr verstanden, wie das Ganze geht?… Dann beginnt jetzt…

(Fordern Sie die Teilnehmer anschließend während der Auswertung auf, nacheinander den Satz zu vervollständigen: „Ich bin bereit, mich zu öffnen, wenn…")

Auswertung:
– Wie hat mir diese Übung gefallen?
– Was war besonders wichtig für mich?
– Was hat mir besser gefallen: selbst einen anderen zu öffnen, oder mich öffnen zu lassen?
– Wie hat der andere mein Vertrauen gewonnen?
– Wie habe ich meinem Partner das Gefühl der Sicherheit vermittelt?
– Wie offen bin ich in dieser Gruppe?
– Möchte ich das verändern?
– Was hilft uns hier, offen miteinander zu sein?
– Habe ich meine Offenheit schon einmal bereut?
– Wie kann ich feststellen, wieviel Offenheit ich riskieren kann?

- Kenne ich bei mir selbst den Zusammenhang zwischen körperlichen Symptomen (Kopfschmerzen, Magendrücken etc.) und nicht ausgedrückten Gefühlen und Gedanken?
- Was möchte ich sonst noch sagen?

Hinweise: Bei Jugendlichen wird die Übung wahrscheinlich verhältnismäßig schnell abgeschlossen sein. Sie können den Teilnehmern dann die Möglichkeit geben, das Experiment mit einem zweiten Partner zu wiederholen. Auf diese Weise werden vielleicht noch einige zusätzliche Erkenntnisse über Vertrauen und Offenheit gewonnen.

Übung: Wovor ich Angst habe

Ziele: Für viele Menschen ist die Zeit der Kindheit und das Jugendalter eine Phase starker Ängste. Nachdem das ganz kleine Kind eine Zeit liebevoller Zuwendung und persönlicher Sicherheit erlebt hat, ergeben sich für das größere Kind eine Reihe beunruhigender Fragen: „Werde ich genug geliebt? Wie kann ich meine Selbständigkeit erringen, ohne die Gunst der Eltern zu verlieren? Was ist der Preis, den ich für die langsame Annäherung an die Welt der Erwachsenen zahlen muß? Finde ich genügend zwischenmenschliche Kontakte, so daß ich nicht einsam sein muß?" Besonders gefährlich ist es, daß wir oft Angst vor unseren Ängsten haben und auf diese Weise noch unsicherer und wehrloser werden.

Die kommende Übung soll den Teilnehmern helfen, sich ihrer Ängste bewußt zu werden und eine besonnene Einstellung zu ihren Befürchtungen zu entwickeln. Sie sollen überprüfen, wie weit die im Brief geäußerten Ängste ihnen mehr Sicherheit geben können.

Material: Formular „Wovor ich Angst habe".

Anleitung: Zu dem Bösen, das uns immer wieder bedroht und uns die Kehle zuschnürt, gehört für mich vor allem auch die Angst. Ich meine nicht die Angst vor einer klar erkennbaren Gefahr, wie ich sie habe, wenn ich sehe, daß mein Haus brennt. Die Angst, die ich dann empfinde, ist wichtig und nützlich, und sie treibt mich an, der Gefahr zu begegnen. Viel schlimmer sind unsere Ängste, die nicht mit unmittelbaren äußeren Bedrohungen zusammenhängen. Solche Ängste kennt jeder von uns: „Bin ich wirklich liebenswert für andere? Werde ich einen befriedigenden Beruf finden? Werde ich gesund bleiben?" usw. Es ist wichtig, daß ich diesen Ängsten nicht ausweiche und sie verdränge oder mit Beruhigungstabletten oder Alkohol scheinbar vertreibe. Wenn ich meine Ängste selbst als etwas Normales betrachten kann, über sie nachdenke und mit anderen darüber spreche, dann habe ich bereits etwas Wichtiges erreicht. Ich habe weniger Angst vor der Angst. Hierbei kann euch folgende Übung helfen. Ich habe ein Formular vorbereitet. Bitte lest es durch und füllt es aus. Ihr habt dafür 15 Minuten Zeit…

Kommt jetzt in kleinen Gruppen zusammen und sprecht miteinander über das, was ihr herausgefunden habt. Dafür habt ihr 20 Minuten Zeit…

Nun kommt zum großen Kreis zurück…

Auswertung:
– Wie hat mir diese Übung gefallen?
– Was war besonders wichtig für mich?
– Was fürchte ich in dieser Gruppe?
– Möchte ich meinen Brief vorlesen?
– Möchte ich meinen Brief an den Empfänger absenden?
– Was möchte ich sonst noch sagen?

Hinweise: Rechnen Sie damit, daß dieses Thema bei jugendlichen Teilnehmern zunächst einige Befangenheit auslöst.

Wovor ich Angst habe

Bitte ergänze die Satzanfänge und beantworte die Fragen:

Als kleines Kind hatte ich vor allem Angst, daß ....

....

Ich bin damals mit meiner Angst fertiggeworden, indem ich ....

....

Als jüngeres Schulkind hatte ich vor allem Angst, daß ....

....

Ich bin damals mit meiner Angst fertiggeworden, indem ich ....

....

Kleinere Ängste, die ich heute habe, sind ....

....

Ich habe Angst davor, daß ....

Ich habe Angst davor, daß ....

Ich habe Angst davor, daß ....

Ich habe Angst davor, daß ....

Ich habe Angst davor, daß ....

Wie werde ich heute mit meiner Angst fertig? ....

....

Wer sind die drei Menschen, mit denen ich am besten über meine Ängste

sprechen kann? ....

....

Schreibe an einen dieser Menschen einen kurzen Brief über eine Angst,

die Du hast: ....

....

....

....

....

....

....

....

....

Übung: Tue das, so wirst du leben

Ziele: Eine alte theologische und psychologische Weisheit besagt: Wie ich mich selbst behandle, so behandle ich andere. Wenn ich mich selbst ernst nehme mit meinen Stärken und Schwächen, mit meiner Fähigkeit zu lieben und zu hassen, dann werde ich auch andere ernst nehmen. Wenn ich mir selbst das Recht gebe zu weinen, dann werde ich andere nicht vorschnell trösten. Wenn ich akzeptiere, daß ich immer wieder Fehler mache, dann werde ich fremde Fehler ebenfalls nachsichtig auffassen. Vor allem aber: Wenn ich mich selbst liebe, bin ich auch in der Lage, andere zu lieben. Das gibt mir zugleich die Möglichkeit, den eigenen destruktiven Impulsen zu widerstehen.

Die Teilnehmer sollen angeregt werden, einmal zu überprüfen, in welchem Ausmaß sie sich selbst positiv gegenübertreten können, und sie sollen darüber nachdenken, wie sie sich selbst mehr Liebe schenken können.

Material: Ein Exemplar des Textes Lukas 10, 25–28, für jeden Teilnehmer.

Anleitung: Die letzte Bitte des Vaterunsers lautet: „Erlöse uns von dem Bösen." Im Laufe unseres Lebens ist jedem von uns eine Menge Böses angetan worden, wissentlich oder unwissentlich. Das Böse wird uns aber nicht nur von anderen zugefügt, sondern wir sind selbst aktiv am Bösen beteiligt und fügen auch anderen Böses zu. Kain vernichtete das Leben seines Bruders Abel. Die Zusammenfassung der biblischen Botschaft, die sowohl das Alte als auch das Neue Testament dagegensetzen, lautet... (Lukas 10, 27–28)

Um Gott und meinen Nächsten lieben zu können, muß ich mich selbst lieben. Glücklicherweise sind jedem von uns im Laufe seines Lebens einige Menschen begegnet, die ihm – wenn auch vielleicht nur für kurze Zeit – liebevoll begegnet sind. Diese Begegnungen haben jedem von uns die Möglichkeit gegeben, sich selbst zu lieben. Die meisten von uns haben für ihre eigene Einschätzung zu wenig Liebe erhalten und beklagen sich dementsprechend. Ich nehme das als einen Beweis dafür, wie unersättlich wir nach Liebe sind. Wir können uns unseren Wunsch nach Liebe zum Teil selbst erfüllen, wenn wir uns selbst mit mehr Freundlichkeit begegnen.

Damit ihr das lernen könnt, möchte ich euch folgende Übung vorschlagen: Nacheinander soll sich jeweils ein Gruppenmitglied auf einen freien Stuhl in die Kreismitte setzen und eine Minute lang nur positive Dinge über sich selbst sagen: Was es an sich mag, was es kann, wie es jetzt schon freundlich zu sich selbst ist. Zum Beispiel so: „Ich mag meine Hände. Sie können fest zupacken, sie können zärtlich streicheln. Ich mag meine Begabung in der Mathematik. Ich mag meine Fähigkeit, ein gutes Essen zu genießen." usw. Habt ihr verstanden, was ich meine?...

Während der Betreffende in der Mitte ist, gebt bitte keine Kommentare dazu, sondern hört euch alles an. Wenn er fertig ist, sagt er: „Jetzt bin ich fertig", und bleibt noch einen Moment sitzen, damit wir ihm ein paar Augenblicke lang Beifall klatschen können.

Wer möchte als erster in die Mitte gehen?...

Auswertung:
- Wie hat mir diese Übung gefallen?
- Was war besonders wichtig für mich?
- Hatte ich irgendwann das Gefühl, daß ich angebe?
- Wie habe ich den Beifall der anderen empfunden?
- Wo habe ich sonst Gelegenheit, mir selbst Wertschätzung auszu-drücken?
- Möchte ich zu einem anderen Gruppenmitglied noch etwas sagen?
- Auf welche Weise kann ich mir in Zukunft verstärkt selbst Liebe geben?
- Inwiefern tue ich das bereits?
- Was möchte ich sonst noch sagen?

Variation: Um die Übung – zum Beispiel in ängstlichen Gruppen – zu vereinfachen, können Sie die Teilnehmer zunächst eine schriftliche Liste anfertigen lassen, die sie später im Kreis vorlesen.

Lukas 10, 25–28

Und siehe, da stand ein Schriftgelehrter auf, versuchte ihn und sprach: Meister, was muß ich tun, daß ich das ewige Leben erreiche?

Er aber sprach zu ihm: Wie steht im Gesetz geschrieben? Was liest du?

Er antwortete und sprach: Du sollst Gott, deinen Herrn, lieben von ganzem Herzen, von ganzer Seele, von allen Kräften und von ganzem Gemüte und deinen Nächsten wie dich selbst.

Er aber sprach zu ihm: Du hast recht geantwortet; tue das, so wirst du leben.

THEOLOGISCHE AKZENTE

Es geht nichts verloren.

Was „Amen" im Sinne von „Wahrsein" bedeutet, verstehe ich am Beispiel einer alten Geschichte am besten.

Zwei Mönche sind unterwegs auf Pilgerfahrt: Gregor, der das Leben bejaht, und Bruder Bastian, der recht streng ist mit sich. Sie kommen auf ihrem Weg an eine morastige Stelle. Dort treffen sie auf eine junge und hübsche Frau. Sie kann mit ihrem langen Gewand nicht durch den Morat waten. Gregor nimmt sie kurzentschlossen auf die Arme, trägt sie hinüber und stellt sie auf trockenem Boden wieder ab. Sie verabschieden sich von der Frau und sprechen bis zum Stundengebet am Abend kein weiteres Wort. Dann endlich, als es wieder Zeit zum Reden ist, sagt Bastian zu Gregor: „Du weißt, daß wir als Mönche Frauen – besonders die jungen – nicht berühren dürfen." Gregor entgegnet: „Ich habe sie dort hinter dem Morast stehenlassen, trägst du sie immer noch?" Für Gregor ist die Sache abgeschlossen; für Bastian noch nicht, obgleich er gar nichts „getan" hat.

Über das, was Wahrheit ist, sagt mir diese Geschichte vier wichtige Dinge:

- ◆ Wahrheit ist etwas, das nicht aus der Distanz betrachtet und beurteilt werden kann. Wahrheit braucht meine Betroffenheit nicht. Sie kann nur erfahren und getan werden. (Johannes 3, 21)

- ◆ Die Wahrheit liegt nicht einfach an der Oberfläche. Sie muß entdeckt werden. Wie lebendiges Wasser wird sie aus der Tiefe an die Oberfläche geholt.

- ◆ Was Wahrheit ist, hat etwas mit dem zu tun, was ich selbst wahrnehme. Und als Mensch bin ich immer nur begrenzt wahrnehmungsfähig.

- ◆ Was Wahrheit ist, hat etwas mit dem zu tun, was ich selbst „gewähre". Die Wahrheit gilt nie ein für alle Mal. Sie ist ein „Geschenk auf Zeit".

Dies alles hat nichts zu tun mit der skeptischen Frage: „Was ist Wahrheit?" Vielleicht geht es um die Wahrheit, die frei macht. Je klarer ich mich verhalte, desto freier werde ich.

Wirkliches Loslassen ist erst dort möglich, wo ich ernsthaft etwas verarbeitet habe. Da werde ich nicht mehr von „unerledigten Geschäften" gebunden. Ich werde frei, etwas Neues zu beginnen.

ZUR EINSTIMMUNG DES LEITERS

In dieser letzten Einstimmung möchten wir Ihnen empfehlen, zu überprüfen, was Sie selbst im Laufe der Arbeit mit Ihrer Gruppe an „unerledigten Dingen" angesammelt haben. Wir verstehen darunter alles das, was wir uns selbst nicht gestattet haben, zu Ende zu denken oder zu fühlen, bzw. was wir anderen gegenüber nicht zum Ausdruck gebracht haben.

Welche von Ihnen selbst unterdrückten Dinge fallen Ihnen ein?...

Lassen Sie Ihre Gedanken zwei Minuten lang wandern und registrieren Sie das, was Ihnen einfällt. Machen Sie dabei weder sich selbst noch anderen Vorwürfe...

Jetzt beschäftigen Sie sich eine kurze Zeit mit jedem einzelnen Teilnehmer Ihrer Gruppe. Nehmen Sie sich Kärtchen und schreiben Sie den Namen jedes Teilnehmers auf ein Kärtchen...

Konzentrieren Sie sich jetzt auf jeweils einen Teilnehmer, indem Sie sich sein Kärtchen vorlegen. Fragen Sie sich:

Gibt es von mir aus noch Unerledigtes gegeüber diesem Gruppenmitglied?... Was habe ich ihm nicht mitgeteilt?...

Notieren Sie das, was Sie herausfinden, stichwortartig auf dem Kärtchen...

Wenn Sie alle Kärtchen auf diese Weise bearbeitet haben, ziehen Sie eine erste Bilanz und stellen Sie fest, was Ihnen zur Zeit noch so wichtig ist, daß Sie es in der letzten Stunde des Kurses zum Ausdruck bringen wollen...

Übung: Was mir wichtig war

Ziele: Am Ende des Kurses soll jeder Teilnehmer Gelegenheit haben, noch einmal die gesamte Kurserfahrung zu bedenken und die für das eigene Erleben besonders wichtigen Eindrücke und Ereignisse zu identifizieren. Denn auch die Wahrheit, die ich über mich selbst herausfinde, kann mich freier machen.

Material: Papier und Bleistift.

Anleitung: Ihr wißt, daß das Vaterunser mit dem „Amen" schließt. Amen bedeutet so viel wie: „Das ist wahr." Es wurde in der Welt der Bibel häufig am Ende von Gebeten oder Reden zur Bekräftigung gesprochen.

Unser Kurs über das Vaterunser geht dem Ende zu, und ich frage mich, was jeder von euch abschließend wohl dazu zu sagen hat. Zu welchen Erfahrungen, die ihr hier gemacht habt, und zu welchen Einsichten und Ereignissen könnt ihr aufrichtig „Amen" sagen? Ich möchte, daß sich immer zwei Teilnehmer zusammenfinden, um eine halbe Stunde über zwei Fragen miteinander zu sprechen:

◆ Was waren die wichtigsten Erfahrungen für mich in diesem Kurs?

◆ Gibt es irgend etwas, was ich in Zukunft anders machen will bzw. was ich neu versuchen möchte?

Überlegt euch einen Augenblick, mit wem ihr dieses Gespräch führen möchtet…

Versucht jetzt nacheinander herauszufinden, ob euer Wunschpartner bereit ist, mit euch zusammenzukommen. Es ist sehr wichtig, daß eine beiderseitige Zustimmung vorliegt. Ihr könnt also auch Nein sagen, wenn ihr selbst sehr gern mit einem anderen Gruppenmitglied zusammensein wollt…

Ich empfehle euch nun, miteinander einen Spaziergang zu machen. Am Ende könnt ihr dann die wichtigsten Ergebnisse eurer Unterhaltung aufschreiben. Kommt bitte in einer halben Stunde zurück in diesen Raum, damit wir dann gemeinsam die Übung auswerten können…

Auswertung: Lassen Sie jedes Gruppenmitglied in einem Rundgang die wichtigsten Dinge mitteilen, die ihm während des Spaziergangs mit dem Partner bewußt geworden sind. Geben Sie nach jeder Einzeldarstellung der Gruppe Gelegenheit, kurz darauf zu reagieren.

Am Schluß sollten Sie selbst kurz mitteilen, was der Kurs für Sie bedeutet hat.

Hinweise: Wenn diese Übung mit dem Ende der Gruppe zusammenfällt, müssen Sie damit rechnen, daß die Teilnehmer auch Trennungsängste erleben. Manchmal ist es angebracht, diesen Tatbestand zu Beginn der Sitzung vorsichtig anzusprechen.

Übung: Das ist wahr

Ziele: Die Teilnehmer sollen dafür sensibilisiert werden, wann sie die Wahrheit sagen bzw. wann sie eher in Klischees sprechen, Wichtiges verschweigen oder wesentliche Dinge irreführend beleuchten.

Anleitung: Ich möchte euch heute Gelegenheit geben, mit dem Wort „Amen" zu experimentieren. In der Bibel wird das Wort zur Bekräftigung gesprochen, um anzudeuten, daß sich der Sprecher bzw. der Zuhörer mit einer Botschaft identifiziert.

Wir alle sind oft in der Gefahr, uns nicht mit dem zu identifizieren, was wir sagen. Wir benutzen die Sprache, um uns von uns selbst oder von anderen zu distanzieren und um uns zu verstecken. Ich möchte euch daher folgende Übung vorschlagen:

Für eine begrenzte Zeit können wir hier im Raum umhergehen und zu jeweils einem anderen Gruppenmitglied sprechen. Das kann ein kürzerer oder längerer Austausch von Botschaften sein mit folgender besonderer Spielregel: Jeder versucht, in möglichst kurzen Sätzen zu sprechen, und beendet jeden Satz entweder mit dem Wort „Amen" oder mit: „Das ist wahr." Macht dann eine kleine Pause, um innerlich zu überprüfen, ob diese Bekräftigung wirklich angebracht ist. Wenn ihr bemerkt, daß ihr euch oberflächlich oder unvollständig ausgedrückt habt, dann teilt dies dem Partner mit.

Da unser Kurs nun zu Ende geht, könnte es sinnvoll sein, daß ihr bei euren Unterhaltungen mitteilt, was euch zum gegenwärtigen Zeitpunkt besonders beschäftigt. Andererseits könnt ihr eurem Partner auch bisher nicht ausgedrückte Gefühle und Reaktionen anvertrauen, so daß ihr mit weniger Resten aus dem Kurs geht. Habt ihr verstanden, was ich meine?...

Ihr habt insgesamt eine halbe Stunde Zeit...

Auswertung:
– Was war bei dieser Übung für mich wichtig?
– Wann habe ich mich dabei wohl gefühlt? Wann war ich befangen?
– Was möchte ich sonst noch sagen?

Hinweise: Diese Übung ist in erster Linie für ältere Jugendliche oder für Erwachsene geeignet.

Übung: Abschiedssinfonie

Ziele: Diese Übung gibt den Teilnehmern Gelegenheit, sich klar und ein-deutig von den anderen zu trennen. Dabei können wichtige persönliche Reste ausgedrückt werden, so daß der Abschied von den anderen insgesamt erleichtert wird.

Anleitung: Dies ist unsere letzte Gruppensitzung. Jeder soll Gelegenheit bekommen, sich so von der Gruppe zu verabschieden, daß er die Trennung bewußt vollziehen kann. Für die meisten Menschen ist Abschiednehmen deshalb besonders schwer, weil sie viele Dinge nicht ausgedrückt haben, die sie dann weiter an die anderen Menschen binden.
Unsere Abschiedsübung gibt euch deshalb genügend Raum, anderen etwas zu sagen, was noch offengeblieben ist, Freundliches und Kritisches, Gedanken und Gefühle.
Die Übung wird folgendermaßen ablaufen: Jeweils einer von euch kann sich von der Gruppe verabschieden. Es ist seine Entscheidung, wem er etwas mitteilen will und was er sagen möchte. Er kann sich auch ohne Worte ausdrücken. Wenn er seinen Abschied beendet hat, verläßt er den Raum und wartet draußen. Dann hat ein anderes Gruppenmitglied Gelegenheit, Abschied zu nehmen. Habt ihr verstanden, was ich meine?...
Wer möchte beginnen?...

Hinweise: Es ist selbstverständlich, daß Sie als Gruppenleiter bis zum Schluß anwesend sein müssen, damit Sie ggf. den Teilnehmern behilflich sein können, mit der Abschiedssituation zurechtzukommen.

Übung: Reste

Und die Wahrheit wird euch frei machen.
(Johannes 8, 32)

Ziele: Die Teilnehmer sollen angeregt werden, wichtige bisher nicht ausgedrückte Gedanken und Empfindungen füreinander noch zu äußern, um sich leichter aus der Gruppe lösen zu können und die befreiende Wirkung der Wahrheit zu erfahren.

Anleitung: Unsere Gruppe geht dem Ende entgegen. Ich möchte jedem Gelegenheit geben, sich mit einem guten Gefühl von den anderen zu trennen. Das wird um so leichter sein, je weniger Reste bleiben, d. h. je ehrlicher und vollständiger ihr einander über das informiert habt, was für euch wichtig ist. Wenn ihr z. B. jemanden in dieser Gruppe sehr gern hattet, und ihr habt ihm das nicht mitgeteilt, wird es schwer für euch sein, den Betreffenden beim Abschied auch innerlich loszulassen. Aber auch nicht ausgedrückte, unangenehme Gefühle binden aneinander.

Neben solchen persönlichen Reaktionen gibt es noch Überreste, die weniger mit anderen Personen zu tun haben, sondern mehr mit eurem eigenen Selbst. Es kann sehr wichtig für den einzelnen sein, vor der ganzen Gruppe z. B. zu sagen: „Ich habe hier erfahren, daß andere mich schätzen, so wie ich bin, und daß ich nicht immer krampfhaft um ihre Sympathie buhlen muß." Oder: „Ich möchte in Zukunft mehr über meine Beziehung zu Gott nachdenken und Gott weniger so sehen, wie meine Eltern es mir beigebracht haben."

Habt ihr verstanden, was ich meine?...

Ich möchte euch nun folgende Übung vorschlagen:

Überlegt schweigend fünf Minuten lang, was ihr an Überresten in euch angesammelt habt. Was habt ihr in der Gruppe nicht mitgeteilt, was ihr eigentlich gern hättet sagen wollen?... (5 Min.)

Nun wird ein Freiwilliger beginnen und seinen linken Nachbarn dreimal fragen: „Hast du einen Rest, den du uns noch mitteilen möchtest?" Der Angesprochene hat die Möglichkeit, darauf zu antworten und jeweils einen seiner Reste mitzuteilen. Wenn er über einen Rest nicht sprechen möchte, kann er sagen: „Mir ist ein Rest bewußt, und ich möchte nicht über ihn sprechen."

Wenn der Angesprochene auf alle drei Fragen geantwortet hat, stellt er seinerseits diese Frage dreimal an seinen linken Nachbarn usw.

Habt ihr verstanden, was ich meine?... Wer möchte beginnen?...

Auswertung: Statt einer Auswertung sollte jeder am Ende dieser Runde in einem Blitzlicht kurz mitteilen, wie er sich fühlt.

Hinweise: Diese Übung ist eher für ältere Jugendliche bzw. für Erwachsene geeignet.

Verwendete und weiterführende Literatur

Barth, Hermann/Schramm, Tim, *Selbsterfahrung mit der Bibel. Ein Schlüssel zum Lernen und Verstehen*, 2. Aufl., München 1983.

Bennis, Warren G. u. a., *Änderung des Sozialverhaltens*, Stuttgart 1975.

Berg, Horst Klaus, *Grundriß der Bibeldidaktik. Konzepte – Modelle – Methoden*, München/Stuttgart 1993.

Betz, Otto, *Das Unscheinbare ist das Wunderbare. Spiritualität im Alltag*, Eschbach 1994.

Bischöfliches Hilfswerk Misereor e.V. (Hrsg.), *Spurensuche. Für eine Spiritualität solidarischen Lebens*, Aachen 1997.

Bittlinger, Arnold, *Das Vaterunser. Erlebt im Licht von Tiefenpsychologie und Chakrenmeditation*, 4. Aufl., München 1997.

Casriel, Dan, *Wiederentdeckung der Gefühle*, Oberursel 1995.

Chinmoy, Sri, *Gelebte Spiritualität*, Dachau 1993.

Cohn, Ruth, *Von der Psychoanalyse zur themenzentrierten Interaktion*, 13. Aufl., Stuttgart 1997.

Cox, Harvey, *Licht aus Asien*, Stuttgart 1978.

Culbertson, Philip, *New Adam. The Future of Male Spirituality*, Minneapolis 1992.

Douglas-Klotz, Neil, *Das Vaterunser. Meditationen und Körperübungen zum kosmischen Jesusgebet*, München 1992.

Drewermann, Eugen, *Das Vaterunser*, 3. Aufl., München 1997.

English, Fanita, *Transaktionsanalyse. Gefühle und Ersatzgefühle in Beziehungen*, 5. Aufl., Salzhausen 1998.

Esser, Wolfgang G./Kothen, Susanne, *Die Seele befreien. Spiritualität für Kinder. Ein Praxisbuch*, München 1998.

Glaubensverkündigung für Erwachsene. Deutsche Ausgabe des Holländischen Katechismus, 12. Aufl., Freiburg 1983.

Gössmann, Wilhelm, *Protestieren – Nachdenken – Meditieren – Beten*, München 1970.

Goecke-Seischab, Margarete/Harz, Frieder, *Bilder zu neutestamentlichen Geschichten im Religionsunterricht*, Lahr 1994.

Guardini, Romano, *Werke. Gebet und Wahrheit. Meditationen über das Vaterunser*, 3. Aufl., Mainz 1988.

Halbfas, Hubertus, *Der Sprung in den Brunnen*, Düsseldorf 1981.

Hübner, Reinhard/Kubitza, Ellen/Rohrer, Fritz., *Biblische Geschichten erleben*, Gelnhausen/Berlin/Stein 1980.

Kassel, Maria, *Biblische Vorbilder. Tiefenpsychologische Auslegung nach C. G. Jung*, 2. Aufl., München 1980.

Kroeger, Matthias, *Themenzentrierte Seelsorge*, 4. Aufl., Stuttgart 1989.

Leonhard, George B., *Erziehung durch Faszination*, München 1971.

Lohmeyer, Ernst, *Das Vaterunser*, 5. Aufl., Göttingen 1962.

Luther, Martin, *Großer Katechismus*, 3. Aufl., Oberursel 1995.

Luther, Martin, *Auslegung des Vaterunsers*. Calwer Luther-Ausgabe, Hamburg u. München 1965.

May, Gerald, *Der sanfte Weg. Ein Meditationshandbuch*, Hamburg 1980.

Mitchell, Rod, *Bridge Building. Recipe Book in Co-Living, Co-Learning, Co-Loving*, Melbourne 1981.

Perls, Frederick, *Gestalt-Therapie in Aktion*, 8. Aufl., Stuttgart 1996.

Polster, Erving/Polster, Miriam, *Gestalt-Therapie. Neue Erkenntnisse aus Theorie und Praxis*, 10. Aufl., Frankfurt 1997.

RamDass/Bush, Mirabai, *Auf dem Weg zum Herzen. Spiritualität und praktische Nächstenliebe*, München 1993.

Rogers, Carl, *Lernen in Freiheit. Zur Bildungsreform in Schule und Universität*, Frankfurt 1988.

Schutz, Will, *Freude*, Hamburg 1971.

Schützler, Georg/Zimmer, Siegfried, *Spiritualität, die Kirchen füllt - Wohin gehen ‚Nachteulen'?*, Stuttgart 1998.

Sölle, Dorothee, *Mystik und Widerstand*, Hamburg 1997.

Stevens, John, *Die Kunst der Wahrnehmung. Übungen in der Gestalt-Therapie*, 14. Aufl., Gütersloh 1996.

Stollberg, Dietrich, *Wenn Gott menschlich wäre.... Auf dem Weg zu einer Seelsorgerlichen Theologie*, Stuttgart 1978.

Vopel, Klaus W., *Interaktionsspiele, Teil 1–6*, 6. bis 9. Aufl., Salzhausen 1996.

Vopel, Klaus W., *Interaktionsspiele für Kinder, Teil 1–4*, 7. Aufl., Salzhausen 1996.

Vopel, Klaus W., *Handbuch für Gruppenleiter/innen. Zur Theorie und Praxis der Interaktionsspiele*, 8. Aufl., Salzhausen 1997.

Werner, Elke/Rath, Gideon, *Der Gebetsgarten. Das Vaterunser erleben*, Neukirchen-Vluyn 1997.

Wilde, Bernhard/Neßling, Philipp, *Zum Beten finden. Ein Werkstattbuch zum Beten mit Gruppen*, Gelnhausen/Berlin/Stein 1983.

Mehr für die
Arbeit mit Jugendlichen